飞天嫦娥
Flying Goddess of the Moon
Liu Yang

夏友胜 编著　袁晓强 摄影

刘洋

大象出版社

天宫一号与神舟九号载人交会对接任务

飞行纪念

中国航天员中
ASTRONAUT CENTER OF

为你自豪，为你骄傲

赵国平

神女应无恙，当惊世界殊！

2012 年 6 月 16 日 18 时 37 分，河南姑娘刘洋搭乘"神九"遨游太空，圆了亿万国人千百年来"嫦娥飞天"的梦想。

2012 年 6 月 29 日上午 10 时 3 分，"神九"完美归航，神女平安回家。一时间，神女刘洋成为万众瞩目的明星。

作为承载着亿万人梦想、进入太空的中国首位女航天员，她的成长、她的家庭、她的梦想……无不牵动着国人每一颗热切关注的心。

就在神女刘洋飞天归来、解除医学隔离之时，由东方今报社首席记者夏友胜编著、记者袁晓强摄影的《飞天嫦娥刘洋》一书，由大象出版社正式付梓出版了。此时此刻，《东方今报》也将迎来 8 周岁生日。这，是献给刘洋的一份祝福，也是送给《东方今报》读者的特殊礼物！

《东方今报》与刘洋结缘，始于今年"三八"妇女节。彼时，这位河南姑娘刚刚入选"神九"航天乘组，夏友胜、袁晓强两位记者，第一时间和刘洋的父母、舅舅等取得联系，其后多次沟通了解，获取了刘洋飞天的第一手资料。

2012 年 6 月 10 日，刘洋入选航天三人组。《东方今报》随后进行了 30 余次探访，并陪同刘洋父母赶赴北京航天城，第一时间迎接凯旋的航天英雄，掌握了大量独家故事和翔实素材。采访期间，《东方今报》两位记者的真诚深深打动了刘洋父母，两位老人倾囊相诉，从刘洋儿时的奖状，到中学时的理想，再到女儿、女婿间的天地情话……基于此，《东方今报》有关神女刘洋的报道，才会在全国同类报道中独领风骚，引爆眼球。

信任源于真诚，刘洋欣然受聘为东方今报社读者俱乐部终身荣誉会员；信任源于真情，刘洋凯旋第一时间委托《东方今报》转达对河南全省父老乡亲的感谢与祝福。这是乡土之幸，亦是今报之幸！

承蒙大象出版社的厚爱和邀请，《东方今报》首席记者夏友胜、记者袁晓强编著此书。他们都是《东方今报》资深记者，在繁忙的新闻工作之余，加班加点，深入采访，精神令人感动，著作可圈可点。他们用饱含深情的笔触和镜头，告诉我们一个真实的刘洋，还原一个淳朴的神女，揭示一个航天英雄的成长……这些细节和特写，多数都是没有见诸报刊的独家揭秘，多数都是震撼人心的精彩故事，你值得珍藏和拥有！

谨以此书献给读者，为河南女儿刘洋喝彩，为她自豪和骄傲，也期冀本书能给所有逐梦者以启迪！

是为序。

2012 年 7 月 7 日

（赵国平，东方今报社社长）

目　录

童年刘洋

六岁留念，八〇·十·六·

每年 10 月 6 日当天，父母总会带刘洋走进照相馆，留下一个生日的纪念

第一章

女出寒门

1978 年的中原大地，改革开放的冲动已势不可挡，随着十一届三中全会的召开，河南也在经历酝酿、阵痛后，站在历史的拐点，迎来了改革开放的春天。

刘洋，就出生在改革开放伊始之年。

1978 年 10 月 6 日晚 6 时许，一个胖乎乎、粉嘟嘟的女婴，降生在郑州市经八路上的原郑州市妇产科医院（现郑州大学第二附属医院）。这个可爱的小生命的到来，给那个普通的工人家庭带来了快乐和幸福。

刘家在当时是普通得不能再普通的家庭，父亲原名刘石林，后在办理身份证时，被误写成"刘士林"，遂改成此名。他是郑州市第一食品机械厂工人。母亲牛喜云，为郑州轻型汽车制造厂职工。二人都土生土长在郑州。刘士林兄弟姐妹六个，他排行老大；牛喜云兄弟姐妹七人，她排行老二，上有哥哥、下有弟弟妹妹六人。

由于时代的原因，他们读书都不多，连初中都没读完就工作了，开始为父母分忧，承担起养家、照顾弟妹的责任。直到今天，刘洋的父母在大家庭中都备受尊重。

"10 月闰女出生，不冷不热，正是好时候。"由于是 10 月出生，妈妈牛喜云后来总笑称，女儿刘洋是一匹懒马，因为 10 月秋水美、秋草肥，出生之时又恰逢傍晚收工休息之际。2011 年 10 月，刘洋

33岁生日前，妈妈查了查万年历，才知道女儿的农历生日是九月初五，之前从来没查过，过的都是阳历生日。

当时的刘家，挤住在郑州市管城区货栈街郑州第一食品厂家属院，是一间8平方米的小房子，一张床、一张餐桌几乎就挤满了。"有了孩子后，我们一家三口才算是有了自己的小窝，连下脚的地方都没有。"牛喜云回忆说，尽管如此，他们仍然很高兴，毕竟有了属于自己的房子。

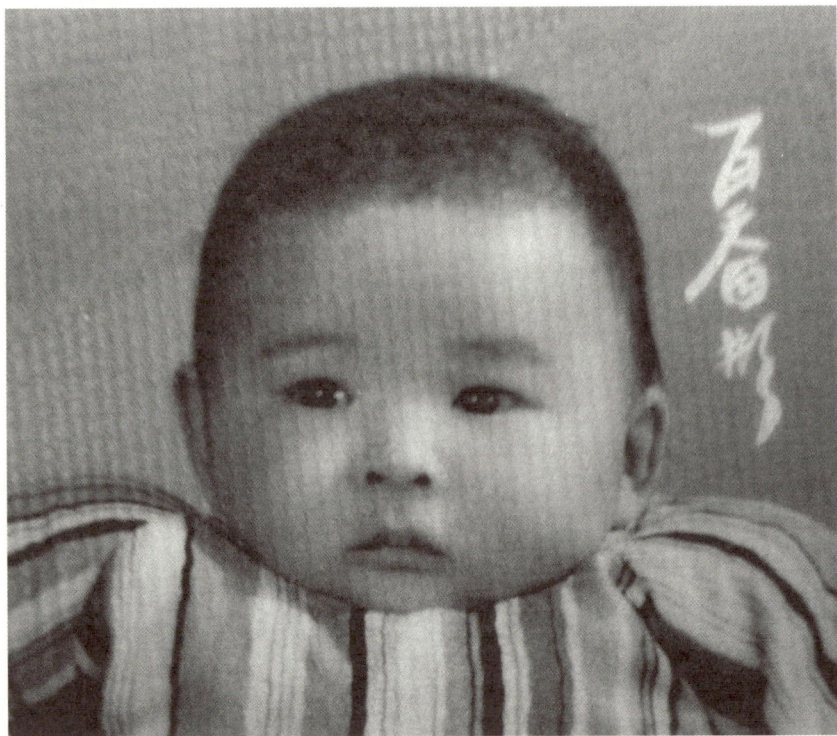

刘洋百天纪念照

身世不凡

"刘洋到底是哪里人？"随着刘洋的名气越来越大，持此疑惑的人却似乎越来越多。

早在 2012 年 6 月 14 日，刘洋正式被确定为神舟九号飞船乘组成员的前一天，河南安阳林州市（原林县）五龙镇竖起了"中国首位女航天员故里"的宣传条幅，而一个无可争辩的事实是，她的家人和主要亲戚却都在郑州，刘洋出生在郑州，成长在郑州。

刘洋到底是林州人，还是郑州人？可能是由于林州方面的"高调"宣传，外人对这个看似简单的问题，莫衷一是。这弄得刘家亲戚也有些尴尬。

刘洋的根在林州，祖籍安阳林州市五龙镇泽下村，是当地有名的"大家"。她的曾祖父叫刘佩英，其墓碑上刻着"民处士刘公佩英之墓"。"处士"指有德有才隐居不做官的人。而据了解，在农村土地改革、成立高级社时期，刘佩英不仅带头捐出家里的牲口，还带动二弟、三弟一起捐赠。1959 年，他和当地有名的原林县县委书记杨贵一起进京，参加全国代表大会。碑文中刻有参加"县人代和全国人代"字样，说的应该就是此事。

刘佩英之父刘存礼，则是前清太学生，古时设在京城的最高学府叫太学。可惜这位太学生却未能混上一官半职，倒凭着聪明和勤俭，拥有 300 余亩良田。据刘家人介绍，刘存礼在去世前给众子孙留下的一句遗嘱是"唯勤苦能立世"，并再三嘱咐千万不要忘了这句话。

刘洋的爷爷刘义成，在大家眼里，是个颇有传奇色彩的人物：

不到 16 岁就加入了民兵组织，两年后当上了民兵队长，不久成为地下交通员，负责为八路军购买枪支弹药。郑州解放前，他在辉县市一带活动。因叛徒告密，刘义成和几名地下工作者不幸被捕，遭到严刑拷打，一条腿因此留下了残疾。

其后，他来到郑州，万万没想到，他从此安家在郑州，直到 2011 年 5 月离开人世。刘义成先是在建筑队谋生，接下来，被组织安排到郑州市环卫部门，一直干到退休。他的子女和孙辈们也因此在郑州扎根。

一岁生日纪念照

鲜为人知的是，他也曾有好的发展机会。那是 1952 年，中共河南省委书记兼省军区政治委员潘复生曾提出要重新给他安排工作，但刘义成以"有事干，有工资，比牺牲的同志不知强多少倍"的朴素心声，拒绝特别照顾。不过，他的住房问题很快得到解决。

刘洋的爸爸刘

刘洋一岁时的全家福

士林，从小在郑州长大，早早当上了工人，"踏踏实实做事，是个直肠子、热心人"，老家有事，都是他回去处理。而从出生到现在，刘洋还是在6岁时回过林州老家一次，即使在爷爷去世时，她因正在北京训练，也未能回去祭奠。但这不影响她从长辈人身上汲取"营养"。

正是继承了先辈和父辈们的美德，刘洋从小就养成了勤俭、踏实、肯干、不张扬的品质，也为她日后飞天圆梦奠定了基础。

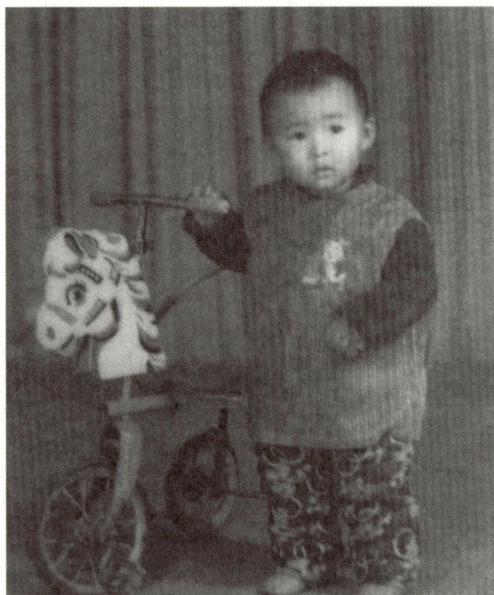

十个月大的刘洋已经可以独自较长时间地站立

第二章

百天靓照

微微发黑的短发，胖乎乎的小圆脸，瞪大了双眼，这是百天照上可爱的小刘洋，让人看了禁不住想逗她乐一下。

虽经两次搬家，妈妈都还像珍藏宝贝一样，把女儿的成长照片保存得完好无损，30多年过去了，那些照片竟没有发黄变色。这些照片包括十个月照、一岁照、两岁照、五岁照和六岁照等等。

两岁时的小刘洋，扎着小马尾，身穿花上衣，肩挎小皮包，右手拿着红苹果，眼中满是好奇，煞是可爱。

一身浅黄色毛衣，端坐在那里，眼望前方，似有所悟，这张照片将刘洋定格在5岁时的样子。

6岁了，小刘洋该跨入校门了，她已渐渐出落成俏姑娘的模样，一身灰色套装，浅色布鞋，似笑非笑，满是憧憬。

而小刘洋给邻居们留下的印象，也比较深刻。邻居王阿姨说："刘洋这闺女，小时候小鼻子小眼，长得可精神了，但个子较高，这点更像她爸爸，而长相更像她姑姑，眉清目秀的。"

爱玩熊猫玩具

　　妈妈保存的还有刘洋幼时爱玩的玩具——布娃娃、小熊猫等等，这些玩具被放在一个柜子里，妈妈希望有机会带到北京去，亲手交给刘洋来保管。

　　"刘洋小时最爱玩熊猫玩具，翻来覆去，一玩就是大半天。"爸爸说，像电子琴、小汽车之类的玩具，他们买不起，就买些简单便宜的玩具，但刘洋仍爱不释手，找到了属于自己的快乐。

　　在很多家长看来，孩子的照片值得珍藏，留作纪念，玩具则大可不必，而刘洋妈妈并不这样认为。

　　"我就这一个宝贝女儿，她就是

我心中永远的花朵，我把女儿的东西都保留下来，也是记录和保留她一部部的成长史。等我老了以后，看着这些照片和物件，就能像看电影一样回顾往事，那该是件多么幸福的事情。"说这话时，妈妈的脸上满是幸福，似乎正陶醉其中。

孩童时候的刘洋，和同龄人一样，还喜欢积木、小碗，尤其是打针，拽着一个人，用手指戳到手上、腿上，扬言"给你打针"。

最可爱的场景，是小刘洋"当厂长"。

爸爸、妈妈在家中争执的时候，刘洋会冷不丁地小手拳头一握，往桌上一捶："别说话了，我是厂长。"

原来妈妈有时会带着她去厂里开会，她多次见到厂长一坐在主席台上，说"别说话了"，台下就安静无声。于是，刘洋就在家"当"起厂长，耍威风。

妈妈的同事逗刘洋："你看

我像不像厂长？"

"你不是厂长，你是书记！书记戴的有眼镜。"一句话逗得大家哈哈大笑。当时，妈妈厂里的书记的确戴着眼镜。

"先吃"习惯

特别尊重长辈，是人们对幼时刘洋的又一印象。妈妈从小就教育她，要时时尊重长辈，吃东西要先请长辈们。

"家里有好吃的东西，都是先让爸妈吃第一口，这个习惯一直保持到现在。"妈妈幸福地回忆说，刘洋幼时爱吃凉皮，家里钱紧，不舍得多买，每次吃凉皮，她都先让爸爸妈妈吃。等到长大成人后，刘洋还是这样。有一次，妈妈觉得不好意思，就对刘洋说："你都长大了，就不用再这样客气地让着吃了。"

"都养成习惯了，改不了。"刘洋笑着回答。

父母工资低，生活不宽裕，刘洋从小就养成节俭的习惯。在同学赵鑫的记忆里，刘洋的穿着朴素，生活上"从来不挑啥"，从没见她穿过啥名牌。

童年时的刘洋，经常到同在郑州的姑奶刘梅翠家玩，她留给姑奶的却是另一种印象：刘洋比较瘦气，人很有精神。话虽不多，说起话来却很有个性。

这位老人是看着孙女刘洋长大的，她曾自豪地说，在他们家刘洋这一辈中，就有 17 名党员，12 个大学生、研究生，刘洋算是这一辈中最为出色的了。

第三章

严母慈父

在中国，多数家庭都是严父慈母，而刘洋家恰恰相反，是典型的严母慈父。刘洋的家教严，主要是妈妈的严格、严厉。

有件事至今让妈妈记忆犹深，她在接受媒体采访时，也多次讲起这个故事：

刘洋5岁时的那年夏天，她和妈妈路过郑州二七纪念塔，看到有人吃冰糕，小刘洋就嚷嚷也要吃："妈妈，我想吃冰糕！"

"不行！"妈妈只说了一句话，就带着刘洋继续走。

尽管她边哭便喊，"闹腾"了好长时间，一直走到家门口，妈妈也没买冰糕，因为一是当时手头确实紧张，二是担心孩子吃坏肚子。

而从二七塔到位于货栈街的家，竟有四公里的路程，说妈妈不心疼女儿是假的，但有一点她是坚信的：孩子幼时不能由着孩子自己的性子来，不然的话，长大后很容易变得以自我为中心，进而学得自私。

更严厉的是妈妈的"定位"要求。那时，爸爸、妈妈都在上班，没法照看刘洋。妈妈要求刘洋要"定位"，就是每天不论要去哪里玩，具体在什么地方，必须给妈妈个方位，以便大人随时能找到她。

刘洋出去和小朋友玩或到别人家写作业，都会给妈妈写个留言条：我什么时候在谁谁家，干什么什么了。遇到不会写的字，她就用拼音。如此"定位"，一直延续到刘洋中学时。

"我妈只要说不行的事，你说三天，也是不行。"刘洋长大后，曾多次对亲戚们这样"抱怨"。

对于当初的严家教,妈妈解释说,孩子幼时正是养成好习惯、好品德的时候,"第一步必须要征服她,让她顺从我",让她明白不能做的事,怎样哭闹都无济于事,这样让她知道妈妈的话是不能改变的。

严而不"逼"

不过,妈妈的"严"不是刻板的严格,而是循循善诱下的严要求。

妈妈说,每次严要求的时候,从来都不是逼着女儿去做,全是在引导下进行,给她讲明白,哪些事不能做,为什么不能做,又该怎么去做。

不到 3 岁,刘洋就上了幼儿园,一天放学后,她手里握着一个小玩具,兴高采烈地带回了家。一见到妈妈,她故作神秘地说:"妈妈,你猜猜我拿的是啥玩具?"

"你从哪里拿来的?"妈妈有点急了,忙问。

"在幼儿园。这玩具挺好玩的,我要在家里也玩。"诚实的刘洋"老实交代"。

"洋洋啊,这样可不好,你想想,这玩具你喜欢,其他小朋友也都喜欢,你喜欢就拿回家了,要是别人喜欢,别人也拿回家了,那你们到幼儿园还玩什么啊?"妈妈俯下身,耐心地给小刘洋讲简单的道理。

末了,妈妈又问了一句:"跟妈妈说,明天你到幼儿园该怎么做?"

"哦,那我明天就送回去。"刘洋若有所悟,向妈妈保证说。

妈妈赞许地点点头，直夸刘洋："还是我家姑娘懂事！"

第二天，刘洋悄悄地把玩具装在口袋里，去幼儿园上学了。妈妈装作没看见，但内心是高兴的，为女儿的懂事。

放学回到家后，刘洋就先给妈妈"报告"："妈妈，我把玩具交给老师了！"

"好，好！孩子，你这样做是对的。"妈妈再次肯定了女儿知错就改的表现。

说话算话

虽然严，但只要答应刘洋的事，爸爸、妈妈准能说话算话，一定都给她办到。

一次，刘洋回家闹着要妈妈给她买"雅马哈"钢琴。

"啥雅马哈？马大哈吧！"妈妈和刘洋开起玩笑，绕开了这个话题。她说，那时候，不是怕花钱，家里真的买不起钢琴，她承诺带女儿周末去书店，买女儿喜欢看的书。

周末，妈妈带着刘洋，来到郑州市解放路上的新华书店，"喜欢啥书就买啥书"，满足了刘洋看书的愿望。

也难怪，邻居们都夸刘洋从小家教好，虽是独生子女，但一点点都不娇生惯养，没有沾上其他孩子的坏毛病。

第四章

望女成凤心切

或许是品尝了读书少的苦，或许是望女成凤心切，刘洋父母对唯一的宝贝女儿的学习非常重视，他们希望女儿能考上大学，掌握更多的知识，成为博学多识之人。由于只有一个孩子，两人的全部心血几乎全都倾注到了刘洋身上。

妈妈牛喜云认为，教育下一代，要付出更多的心血。最重要的，就是要给孩子打好基础，前面的"1"倒了，后面再多的"0"都不管用。

爸爸刘士林初中毕业，他一直遗憾这辈子没有上大学的命，特别羡慕技术人员，觉得这些人才是有知识有文化的代表。因此，父母都希望刘洋能考上大学，完成他们未实现的梦想。

考大学、做文化人，从小就在刘洋心中悄悄扎了根。

说起来大家或许不信，早在刘洋8个月时，妈妈就有意识地教她学认字。不到一岁的孩子，对汉字自然没有概念，更不会学着读，但妈妈却认为，从小可以培养女儿的语感。

于是，不管走到哪儿，只要带着刘洋，妈妈看见宣传标语、公交车上的数字，还有路牌、门牌，就指着读给刘洋听。随着刘洋慢慢懂事，学会说话，她就能跟着妈妈读，时间长了，就早早学会了认字。

那时，计划生育的宣传标语是"只生一个好"，且随处可见，爸爸和妈妈随时指给她看，并一字一字地教她认读。两岁多时，刘洋见了墙上的这个标语，就能读出来："只生一个好！"

这让爸爸有点惊奇："妞，再读一遍！"刘洋又读了一遍。

从懂话起，爸爸、妈妈给她讲得最多的道理是，要改变命运，唯一的出路就是好好学习。这个简单朴素的道理，影响着幼时的刘洋。

虽然重视女儿的文化教育，但他们最看重的还是品德教育，首先得培养女儿做个懂事、有礼貌的孩子。

刘洋的乳名叫洋洋，长辈们都这样称呼她。小时候，刘洋话不多，但很有礼貌。遇到爸妈的同事、朋友，见面就主动打招呼"叔叔好"、"阿姨好"，不喊叔叔、阿姨不说话。见了生人她看上去很文静，要是熟悉了，她就会打开话匣子，滔滔不绝。

"洋洋那闺女，小时候嘴就可甜，有礼貌，一说话就笑，可惹人喜欢了。"她爸爸的一位老同事评价说。

第一个梦想

有媒体曾报道说，刘洋小时候就梦想遨游太空，变成"飞天女"。其实，这是误传。刘洋童年的梦想，你别猜，猜也猜不出来。

童年，是最爱做梦的季节，而童年的梦又是多姿多彩，更是多变的。对于每一个人来说，最不舍和眷恋的可能就是童年，而回忆最多的可能是童年的梦想。

小时候，刘洋常跟着妈妈一起坐公共汽车逛公园，串亲戚。一次，她又和妈妈坐公共汽车去公园，觉得在公共汽车上卖票的阿姨好神奇，也很神通广大，天天坐车不要钱，这时，她突然做起了自己的

奖　状

刘洋　同学在学校举行的

应用题竞赛中获得年级二等奖。

特发此状鼓励。

城东区二寺

87.5.28

梦想："妈妈，我长大了，也想当个阿姨那样的（公共）汽车售票员，那该多好啊！"

妈妈一听，被女儿逗乐了："你给妈妈说说，为什么要当公共汽车售票员呢？"

"那样的话，我就能天天坐在公共汽车上了。"刘洋很认真地说。

"好，好！"看着女儿认真的样子，妈妈也故作认真。其实，她没真的当成一回事。

只是童年的梦想是多变的，这个售票员的梦没多久，她的梦想，就随着年龄的增长和认知的增加而悄悄改变了。

少年刘洋

少年时期的刘洋学习好，热爱文艺，唱歌、跳舞样样行

刘
飞天嫦娥
洋

第一章

入学之路并非风顺

"曾经年少爱追梦,一心只想往前飞。"追梦的刘洋,跨进了学校的大门。

她第一站就读的学校,是原郑州市管城区城东路二小(现管城区实验小学),她的入学之路并非一帆风顺,用她妈妈的话是"阴差阳错"。

1985 年暑期,是新生报名入学的时间。按照郑州当时的规定,学生须满 7 岁才可以入学,而刘洋的生日是 1978 年 10 月 6 日,距满 7 岁还差了两个月。

"带着刘洋,两天连续跑了两个小学,都不愿意接收,咱又没熟人、没关系,我回到家着急得吃不下、睡不好。"她入学的事,让妈妈急得直上火。

七岁的刘洋有了一点大人样

虽然小时候家庭条件不好,但是衣着却从来都是干干净净,朴素大方。这是刘洋的第一张彩色照片

"要是等到明年,孩子都 8 岁了,上学都晚了。"妈妈和爸爸在家商量了一天,觉得还是要想办法找个学校。

第二天,妈妈又拉上刘洋,抱着一线希望,来到城东路二小。开始学校也不愿意接收,经过刘洋妈妈的努力,校方答应收下这个小女孩。

"我要上学了!"刘洋激动地跳了起来。

20 多年后再提及此事,刘洋妈妈还非常感谢孩子的小学母校的老师能在当时接收了女儿。而这些老师做梦也不会想到,一个普通之举,竟给一个小女孩乃至一个家庭带来如此大的希望;更想不到的是,这个普通之举,竟也给未来的学校带来莫大的荣誉和荣光。

这所始建于 1972 年的小学,环境优美怡人,教学设备齐全,育人氛围浓厚,在当时也属于管城区的重点小学。现在学校已经在校门竖起了"中国首位女航天员摇篮"的宣传牌。

"迷你书桌"的故事

"高高兴兴背起书包上学堂"，因为读书，小刘洋找到了从未有过的快乐。但与同龄人相比，她的生活里又平添了些苦涩。

读小学时，刘洋爸爸的单位分了房子，是单位的筒子楼，三楼顶层，冬冷夏热，共12平方米。房子一下子多出4平方米，看似"宽敞"了许多，但由于刘洋上了学，需要占的空间也更多了，起码得有个供看书写字的书桌吧。

遗憾的是，家里放了双人床、箱子后，连放张书桌的地儿都找不到了。没有办法，刘洋妈妈亲自设计了一张"另类"的木质书桌。

这张书桌的"另类"之处在于：它的门是向下开的，刘洋看书写字时，向下打开书柜门，门板就变成了桌面；不需要用时，合上书柜门，一点都不占用空间。

之所以说它不占空间，是因为这

张书桌的桌面，仅仅只有 10 厘米宽，堪称"迷你书桌"了。

少年刘洋就是趴在这张"迷你书桌"上，看书、写字整整 9 年，度过了从小学到初中的美好时光。或许是一家人都对书桌有感情了，尽管已经斑驳掉漆，早已"下岗"多年，刘洋妈妈至今还把它当文物一样保存。

而在刘洋成功飞天后，各路媒体记者获悉这张书桌的"历史"后，也纷纷将镜头对准了它，他们其实想"聚焦"的是刘洋当年学习之艰苦。

第二章

"这个小妞啥都会"

现年 74 岁的白凤芝老师，是刘洋的启蒙老师，担任她一、二年级的班主任，也是语文、数学老师。"那时老师紧缺，低年级的课程几乎都是一个老师一担挑。"

"这小妞穿着朴素大方，干净利索，表现可乖巧，说话也好听。"白凤芝老师至今还能清晰地回忆起刘洋入学时的情景。

当时班里有 40 多个学生，刘洋是个全面发展的学生，不仅语文、数学从没低于 98 分，还会跳舞、踢毽子、唱歌等。用白凤芝老师的话说："这个小妞啥都会。"

下课时，白凤芝坐在讲台上改作业，刘洋常趴在讲桌边，说说这说说那，开心地和老师拉家常，这也成为白凤芝的美好回忆。她把自己和刘洋的师生关系比喻成"母鸡带小鸡"。由于两家相距较近，仅一路之隔，刘洋经常到她家做客，她也把刘洋当做自己的孩子。

到了四年级，班主任换成了赵晓春老师，她一教就是三年，直至把刘洋送到毕业。刘洋当了三年的学习委员，"工作负责，很有亲和力，能和同学们打成一片"。

在赵晓春眼里，刘洋活泼乖巧，爱说爱玩，女孩子的游戏她都玩，尤其喜欢跳绳、踢毽子。

由于担任学习委员，刘洋又比别的同学多了份责任：学习上是老师的小助手，帮老师抱作业；老师批改作业的时候，喜欢在老师身边帮忙，并不停地问这问那。

不懂就问、勤学好问，是少年刘洋的一大特点，这一特点也深深刻在师生们的心中。

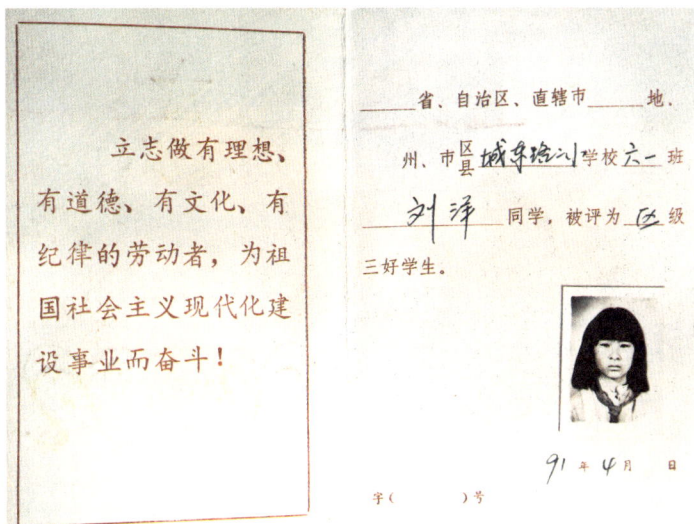

立志做有理想、有道德、有文化、有纪律的劳动者，为祖国社会主义现代化建设事业而奋斗！

_____省、自治区、直辖市_____地、
_____州、市区县 城关第二小 学校 六一 班
刘洋 同学，被评为 区级 三好学生。

91 年 4 月 日

字（　）号

"全票"保送上初中

在赵晓春老师的家里，珍藏着一张略微发黄的照片。

照片上共有6名学生，站在第二排的小刘洋梳着当时流行的"蘑菇头"，上身穿白衬衫，下身是红色连衣裙，是当时学生们常见的"范儿"。

这张照片，是刘洋和同班同学在小学毕业时的合影。这6名学生都是保送生，小学毕业时直接被保送至郑州市重点初中——郑州市第三中学（简称郑州三中）。

刘洋（右二）小学毕业时是学校里的好学生，因此获得保送生资格，这是几个保送生同学的合影

据说，保送生都要通过学校的选拔和同学的推选，过五关斩六将才能被选中。当年学校共有6个保送生推荐名额，刘洋最先入围。当保送生名单向社会公布后，所有的家长和老师都没有任何异议，对刘洋被保送心服口服。

赵晓春老师说，刘洋之所以能全票入选，且无异议，缘于她品学兼优，亲和力强，威信高，很能团结同学。

老师的这些评价，十分客观，并无过多溢美之词。那些"红本本"荣誉证书，能证明刘洋的优秀：1986年6月，刘洋被评为校级"三好学生"，这也是她第一次和"三好学生"结缘，此后几乎年年都获此荣誉；1987年5月，在学校举行的应用题竞赛中，刘洋获得年级二等奖；1991年4月，六年级一班的刘洋，被评为管城区区级"三好学生"……

人见人爱

郑州三中是一所老牌重点学校，历史悠久，创办于1942年，

小学的每学期刘洋都会被评为"三好学生"、优秀班干部

有着深厚的文化历史积淀，被誉为"教书育人的良园"。原中央军事委员会委员、原空军司令乔清晨，就是从这里毕业的。

刘洋在这所学校里"如鱼得水"，她所在的班级是郑州三中94级（4）班，班主任是王秀菊老师，班里有70多个学生。刘洋则是学习委员，还担任英语课代表。

"这孩子懂事、大方，可以说是人见人爱。"现年69岁的王秀菊回忆说，那时的刘洋，衣着朴素，从没见她穿过什么名牌衣服，也很少看她穿鲜艳的衣服。她很灵活，学习特别刻苦，成绩在班里一直都是前几名，而且她做事特别稳重大方，是个有理想、有追求又不张扬的女孩。

不仅学习成绩好，刘洋还爱乐于帮助别人，遇到有同学问难题，

小学毕业照，第二排右数第六为刘洋

她总是放下手头的书本，耐心地讲解，直到同学弄懂为止。

"刘洋，你给同学讲题，不影响你的时间吗？"有老师问刘洋，因为那时个别成绩好的同学给别人讲题，总是把自己做好的现成答案一抄了事，有点应付，而刘洋却非常认真。

"肯定不会的，给同学们讲题，对我来说也是好事，就等于我又复习了一遍。"刘洋笑着回答，帮助同学解答难题，不但能加深自己的印象，还能开阔思路。

在各科中，刘洋的数学成绩最棒，几乎都是满分。因此，她还经常"取代"老师，被同学们齐喊着走上讲台，有板有眼地讲授某道题的做法、思路和步骤。

1993年4月，在第四届"希望杯"全国数学邀请赛的第一轮考

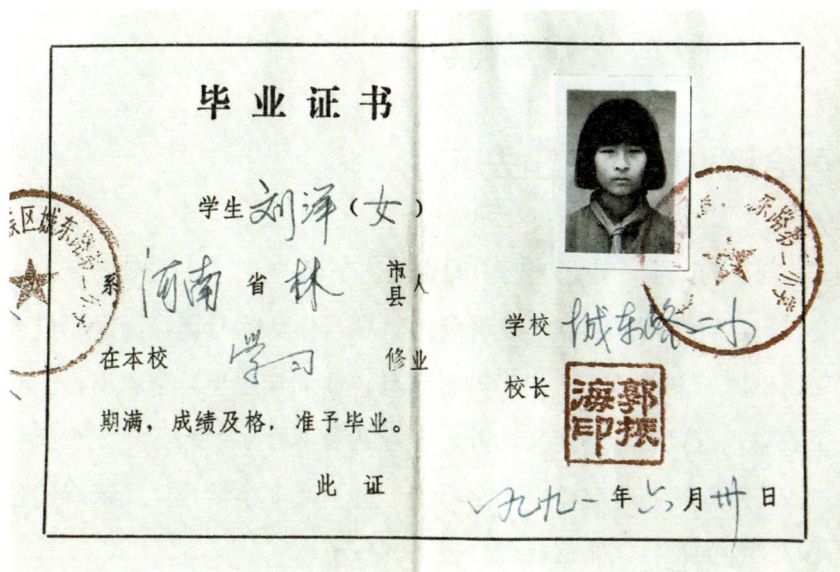

1991年刘洋小学毕业

刘洋同学在第 〇 的届"希望杯"全国数学邀请赛的第一试中,成绩优良,进入决赛,特发此证,以资鼓励。

"希望杯"全国数学邀请赛组织委员会
一九九〇年〇月一日

试中,刘洋成绩优良,进入决赛,并获得优胜证书。这也是她获得的第一个国家级荣誉。

张磊老师,是刘洋的英语老师,刘洋当时是英语课代表。

那时,英语虽被提到很重要的位置,但由于小学时接触少,学生们的口语水平差,大多数人说英语张不开口,怕说错了丢人。可刘洋却不,每次在课堂上说英语,她总是大大方方,不慌不忙,"语"惊四座。后来,她参加了一次大型的英语竞赛,荣获了一等奖。这似乎全在师生们的意料之中。

再给我 10 分钟就出去玩

刘洋的勤学,在亲戚们中间也是出了名的。

亲戚们到她家去,总是看到她默默写作业的身影;而逢年过节走亲戚时,别的孩子手里带的是玩具,而刘洋手里总拿着书,一有空就看,古典名著、作文选等,一看就爱不释手。

"你看看你们刘洋姐咋学习的,就不会多学学她!"亲戚们总是以刘洋为榜样,来这样教育自己的孩子。

女儿如此用功,爸爸、妈妈也有点心疼:一放学就在家写作业,几乎不出去玩，刘洋正是长身体的时候，累坏身体了怎么办？于是，他们发现刘洋写作业时间长了，就哄着劝着让她出去玩。

有时为了“逼”刘洋出去多玩玩，他们想尽了法子：没收作业本，强行关灯等等，但仍无济于事，拗不过刘洋。

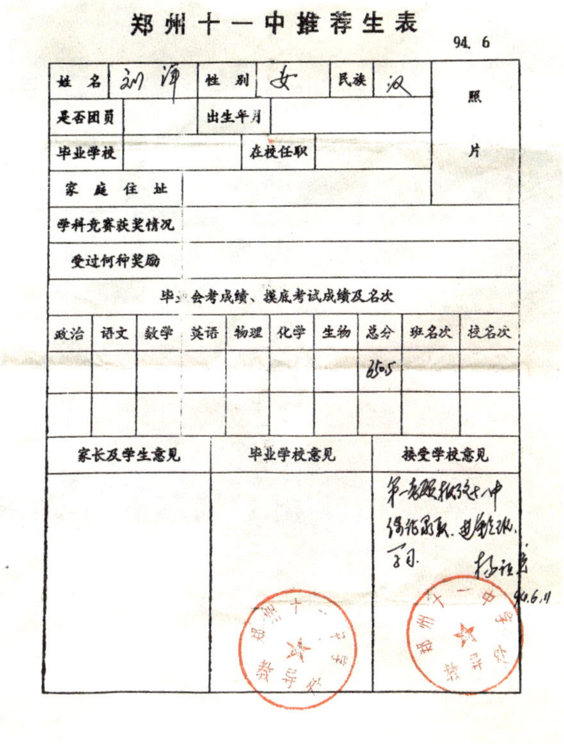

郑州十一中推荐生表

94. 6

姓名	刘洋	性别	女	民族	汉	照片
是否团员		出生年月				
毕业学校		在校任职				
家庭住址						
学科竞赛获奖情况						
受过何种奖励						

毕业会考成绩、摸底考试成绩及名次

政治	语文	数学	英语	物理	化学	生物	总分	班名次	校名次
							650.5		

家长及学生意见	毕业学校意见	接受学校意见
		[illegible] 94.6.11

1994 年 6 月，正当其他同学努力复习，争取考个好学校的时候，刘洋早早就成为郑州十一中的一名保送生。

妈妈讲了件趣事：一次，妈妈想了个新招，“强行”把刘洋拉起来，等刘洋走到门外，她突然把门关上，刘洋被关到了门外。

几分钟后，妈妈打开门，原以为刘洋跑到小区里和伙伴们玩去了，谁知道她还静静地站在门口。

看见爸妈开门，刘洋央求着说：“求求你们了！再给我 10 分钟，作业写完我就去玩。”

如此勤奋苦读三年后，刘洋再次被保送，进入到郑州市十一中。

刘洋初中毕业照，第二排右数第二为刘洋

第三章

为律师梦而辩论不休

梦想的变化，说到就到。

少年刘洋在电视上，常看到律师嫉恶如仇，能伸张正义，于是她悄悄做起了律师梦。尤其是在初中时，梦想更强烈，她常在爸妈面前说，梦想能当名大律师。

"你看人家律师多能说，要想长大当律师，就得从小练好嘴皮子。"爸爸笑着逗她，其实他并不想干预女儿的梦想。

没想到，这句玩笑话，刘洋却当了真，悄悄开始了辩论训练。

当时，她是班级学习委员，班长是她的好友秦静，二人都是保送生，又是邻居，经常在一起围绕一个话题争论不休，没完没了。

有次放学回家，她们的争论话题还没说出个眉目，到了家门口也没停下来，站在那里你一言、我一语地"吵"了起来。妈妈还以为两人发生口角了呢，赶紧出去问个究竟。一看俩孩子是在搞辩论，就被逗乐了。

"那段时间，这俩女孩子天天在一起辩论，最后的结果是，你也说服不了我，我也说服不了你，但都开心极了。"妈妈回忆说。

看《红楼梦》磨烂了书

刘洋不是只知道学习，性格挺活泼的她兴趣也很广泛。

她的初中班主任王秀菊也说，刘洋爱学习，成绩好，但不是那种"死读书"的孩子，偶尔还表现出"很爱玩"的一面。一年暑假，她带着刘洋等一批关系好的学生一起去游泳，去紫荆山公园滑冰，刘洋玩起来也疯了一样。

妈妈回忆说，小时候刘洋很喜欢看电视，什么《晴空霹雳》、《霍元

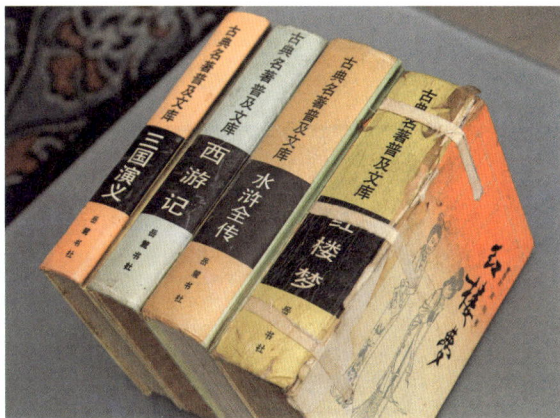

刘洋中学时代最爱读的书

甲》、翁美玲版的《射雕英雄传》，她还追星，妈妈嘴里的"小黑妮"韦唯，是刘洋的最爱。

有一次，刘洋对妈妈说："我想听歌。"妈妈问"想听什么歌"，刘洋说："想听《射雕英雄传》的歌。"后来，她就自个买了一盘《射雕英雄传》的歌带。

在父亲的记忆里，刘洋的爱好非常广泛，小学三年级的时候，还拿过学校象棋比赛冠军，学过小提琴和吉他。她的中学好友秦静记得，刘洋中学时就比较喜欢课外阅读，特别喜欢《红楼梦》里的诗词，还有外国小说《简·爱》。书读得多了，见识广了，在辩论赛和演讲比赛时，她的"嘴皮子"也能得到展现。

在刘洋家里，还保存着中国古典四大名著：《红楼梦》、《水浒传》、《西游记》和《三国演义》等，其中《红楼梦》一书已经开线，用透明胶粘过后，又用医用绷带粘了粘。"这闺女最爱《红楼梦》了，不知看了几遍，书都磨烂了。"妈妈说，还有《新射雕英雄传》，女儿长大成人了还喜欢看。

初中三年，刘洋延续着小学时候的状态，每学期都是"三好学生"、优秀班干部

第四章

冬夜抱着被子看书

除了有文化，还得自立自强，爸爸对刘洋的要求有点与众不同。

"全家三口人住的是单位的筒子楼，面积才 12 平方米，顶层三楼，冬冷夏热。"刘洋读中学时，与小学班主任白凤芝家仅一路之隔，他们两家的联系也更加紧密。

"这小妞爱学习，大冬天家里又冷，孩子的手脚都冻烂了。刘洋晚上在家看书，就用被子裹住腿脚，有时写作业会一直写到夜里 12 点。"事隔 10 多年了，白凤芝还心疼得直想掉泪，她说，像刘洋这样在艰苦条件下还坚持学习的孩子并不多见。

有年冬天，家里没暖气，室内零下几摄氏度，连毛巾都冻得硬邦邦的。那时，爸爸就在厨房里生个炉子，这是刘家最暖和的地方，刘洋的书桌也就自然被搬到了厨房里，她就在狭小的厨房里写作业。

一向心疼女儿的爸爸，就

成为一名光荣的少先队员，当然要留下一个美好的回忆

默默在一旁陪着，看女儿写作业。晚上 11 点多，爸爸太困了，有点支撑不下去，刘洋看见爸爸直打盹，就劝爸爸先睡。

可爸爸回到床上后，就辗转反侧睡不着，迷迷糊糊到凌晨 1 点，到厨房一看，刘洋还在看书。爸爸"命令"刘洋赶紧休息，以免耽误第二天上课。

后来，爸爸才知道刘洋那段时间是在备战一次竞赛考试，她担心被别人甩在了后面。

大将之风

"那时候，任何事只要交给刘洋，我都非常放心。"王秀菊老

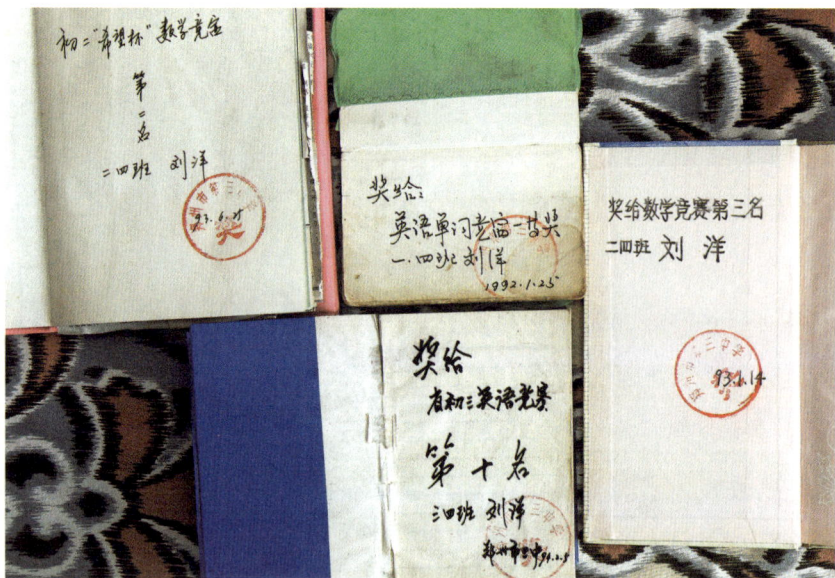

各种学习竞赛获奖对于刘洋来说是家常便饭

师曾在多个场合这样讲，这是因为她从刘洋身上看到了不少与众不同的特质。

她对两件事的记忆尤为深刻，至今还津津乐道——

有一次，王秀菊老师收作业本，结果有同学少交了，当时她很恼火，开始在教室里公开批评学生。

没想到，学习委员刘洋竟然站了起来，并小声说："老师，您不用说了，我想这个同学肯定知道错了，他明天一定会把作业本放到讲台上的。"

第二天，那个学生的作业本真的出现在了讲台的抽屉里。刘洋的话，既让老师消了气，又给了不交作业的同学一个"台阶"，也

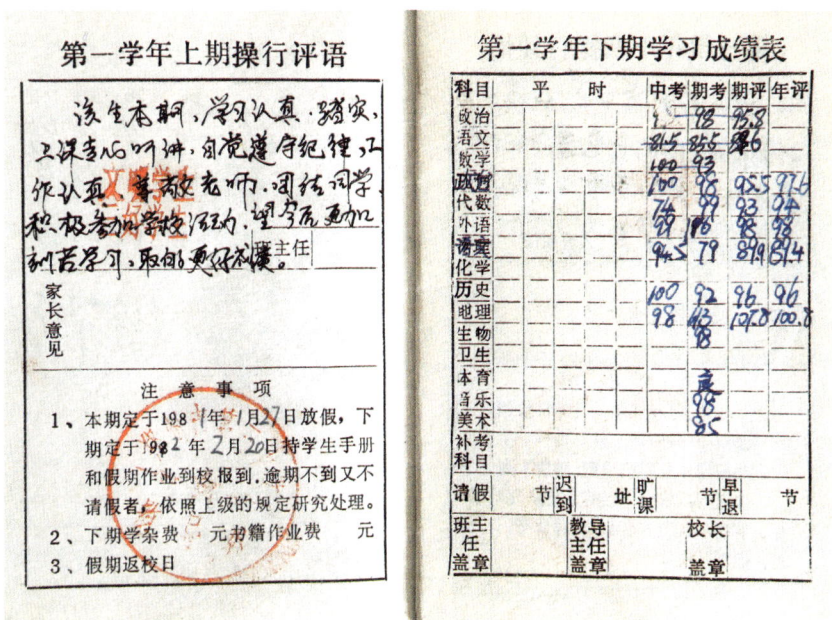

刘洋上学期间，老师的评语总是充满了表扬

给了他改正错误的机会。

"这次事情说明刘洋有大将之风，不仅稳重也有主见，让同学很敬佩她。"王秀菊评价说。这事，刘洋爸爸也清楚地记得，在他看来，这是女儿敢于承担，勇于负责。

另一件事，是在1994年初中毕业后的那个暑假，王秀菊带着学生到信阳鸡公山游玩，一路上大家有说有笑，非常开心。可返程坐火车时，却遇到了个哭笑不得的情况：由于花光了钱，几名男同学嚷嚷着肚子饿了。

见状，王秀菊老师赶紧摸自己的口袋，欲掏钱给这些学生买些吃的。这时，刘洋悄悄告诉王秀菊，她兜里还有10块钱，"也拿出来给男同学买吃的吧"。

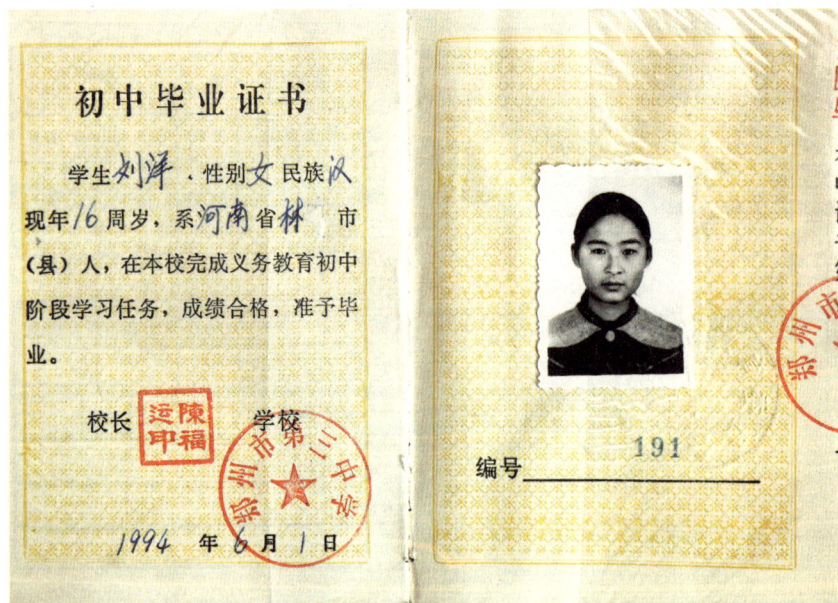

初中毕业证书

学生 刘洋 · 性别 女 民族 汉 现年 16 周岁，系 河南省 林 市（县）人，在本校完成义务教育初中阶段学习任务，成绩合格，准予毕业。

校长 陈甲福运 学校 郑州市第三中学

1994 年 6 月 1 日

编号 191

于是，大家你一元、我一角，现场搞起了小型捐赠会，一会儿就凑了20多元钱。这些零钱很快变成了面包和矿泉水，一一分给大家。

"刘洋这个孩子非常正直，非常纯洁，也很无私，这是难能可贵的品质。"这件小事，让王秀菊看到了刘洋的新特质。

不达目的誓不罢休

有韧劲、有韧性，只要认准要做的事，从不打退堂鼓，再苦不叫苦，再累不叫累，不达目的誓不罢休。少年刘洋就是凭着这不服输的韧劲，克服了一个又一个困难。

读小学三年级时，学校举行跳绳比赛，可那时的刘洋偏偏不会跳绳，怎么办？"我一定得参加比赛，还要争取拿个名次。"

刘洋回家后给妈妈说了自己的想法，妈妈也很支持，专门给她买了根跳绳。此后，刘洋上学时，就天天带着跳绳，课间也练，回家也跳，由连跳50个、100个，到500个、1000个，最后竟然可以连续跳3000多个都不用休息。

刚进初中时，体育是刘洋的弱项，一次体育考试，她有三项都不及格：立定跳远、掷铅球、百米跑。

于是，她每天早上起来跳楼梯、练跑步。爸爸呢，也主动放弃早上打太极拳的老习惯，开始陪女儿训练。每天坚持训练，并逐渐加大锻炼量，从一个台阶开始跳起，到一次跳两个台阶，后来能跳三个台阶，刘洋常常跳得满头大汗。锻炼是枯燥的，也很累人，刘洋毕竟是个孩子，有时也想偷懒。爸爸说："我不允许，总是让她坚持、再坚持。"

或许就是这坚持、坚持、再坚持的训练劲头，让刘洋在长大后面对各种困难时，都保持了这种执着和坚韧。

至于跑步练习，则是刘洋在前面跑，爸爸拿着秒表测时间。如此反复练习，她的这三项体育项目成绩提高得很快。等到下次体育考试时，三项不仅全部过关，还拿了优秀，其中，立定跳远后来达到1.9米。"妞这股倔劲儿仿她妈，只要下决心干好的事，一定得干漂亮。"爸爸说。

威严的班干部

少年刘洋的爱好非常广泛，小学三年级的时候拿过学校象棋比赛冠军，学过小提琴和吉他。从初一起，就是校广播站的播音员，"发音清晰，口齿流利，普通话也标准"。此外，她还喜爱演讲，在学校的演讲比赛中获过奖。

跳绳是她爸爸最得意的，因为成绩里也凝聚着他的汗水。"妞拿过跳绳冠军，这个最了不起，从不会跳绳到冠军，没少付出。"

刘洋平时笑眯眯、乐呵呵的，但也有威严的一面。初一年级下学期，刘洋的同桌是个男生，性格有些内向，常受附近调皮男生的"欺负"。有个男生总是把笔扔到地上，让刘洋同桌去捡。

有一次，刘洋看不下去了，对同桌说："不给他捡。"

那位男生不乐意了，质问："你凭什么管啊？"

刘洋也不示弱："我是班干部，就应该管你，你做得不对。"

后来，那位男生一直没有为这个事情向刘洋及其同桌道歉，刘洋好几天没有答理他，他有难题也不好意思找刘洋开口请教了。几天后，这个男生坐不住了，表示不再欺负刘洋同桌了，事情才算画上句号。

刘洋的人缘好，是大家共知的事情，她热心肠，爱帮助同学，没有差生和好生的界限。

第五章

"实在"是仿他爸

刘洋家又搬家了，这是他们第三次搬家，是爸爸单位分的房子，地址是郑州市货栈北街 59 号院。

这是个在当时很普通的家属院，建于上世纪 90 年代初，楼房七层高，每栋楼 3 个单元，灰色砖墙蓝色玻璃窗。刘洋家是 1 号楼 3 单位北户，两室一厅，面积 80 多平方米。刘洋在这个院子里，一直住到考上军校离开，此后每逢放假回来，但次数并不多。

现年 80 岁的张玉成，是和刘洋爸爸在一个科室工作的同事，又和刘洋家同一个单元，是楼上楼下的邻居。

张玉成回忆说，刘洋虽然在这个大院里生活了好多年，但好多人可能都不认识她，原因很简单，"这孩子一放学回来就进屋学习了，有礼貌，但也很腼腆，不爱多说话，有一点非常仿他爸，实在"。

对于刘洋后来的成功，这位老人一点都不意外，他认为，家教好，学习好，基础打得好，就是取得再大的成功，也在情理之中。

朋友式教育

进入初中，爸爸渐渐地感到有些地方不对劲，比如：他和女儿说话时，女儿偶尔会表现得胆怯害怕，"说话放不开"，不愿给他心对心地交流。这时，他和刘洋妈妈意识到，女儿长大了，有自己的思想和思维方式了，他们的教育方式该改改了。

爸爸常对刘洋说："以后，咱们一家三个人都是好朋友，是朋友关系，有啥事商量着来，不是单一的父母亲关系。"他说，这样可以发挥孩子的优势，塑造良好性格。

于是，在悄无声息中，从小学的要求式教育，到初中的朋友式教育，实现了一个大的转变。朋友式教育一直持续到现在，从未改变过。"她妈是我们家的一把手，刘洋是二把手，我位居三把手。"刘洋爸爸笑呵呵地说，我甘愿"降职"。

从上初中开始，刘洋和父母就是"好朋友"，从起初不敢接近到最后其乐融融地在一起谈天说地，这是刘洋爸爸最自豪的一点。爸爸在家里扮演着"慈父"的角色，刘洋有啥"委屈"喜欢找爸爸"诉苦"，心里有啥"疙瘩"很快就能解开。而一向严厉的妈妈也变得温和，但有一点，对学习上的事从不含糊。

有一次，刘洋的同学来家里找刘洋玩，爸爸有事大喊了几声"刘洋"，刘洋当时没有吭声，后来同学走了，她不乐意了，郑重其事地对爸爸说："爸，你说咱们是朋友，刚才为什么吵我？"

爸爸当时就懵了："我没有吵你啊，就大声喊了你几声。"

"你声音很大，让我在同学面前可没有面子。"

爸爸当时就给刘洋道歉，说以后注意，再不这样了。就是这样，生活中一点一滴，爸爸都注意和刘洋沟通，不伤害刘洋的自尊心。刘洋在学校中有什么事儿，都愿意和父母说。

在刘洋眼中，校园里的一点小事，都充满意义和乐趣，一放学回到家，她拉着爸爸说："爸爸，给你说个事，特别可笑。"讲完，刘洋就哈哈笑了，爸爸虽然觉得不可笑，也装模作样地哈哈大笑。

用爸爸的话来说就是：既然是朋友，就应该融入孩子的校园生活。这些所谓的笑话，虽然在大人看来是不可笑的事情，你也应该有所反应，不然，孩子下次就不说了。

花一月工资为孩子买书

虽然手头紧张，在吃穿方面很"抠"，但在刘洋的学习上，父母从不吝啬，很舍得投入。

有一次，刘洋提出要看《十万个为什么》，妈妈说，没问题，只要你学习考进班级前十名，妈妈肯定给你买。"在当时的经济条件下，只要女儿学习上有要求，我全部满足。"

刘洋很努力，期末考试成绩出来，她进入班级前三名。成绩公布后的那个周六，妈妈带上刘洋到新华书店，只要女儿喜欢的挑选出来的书，她都买了下来，一下子买了6本书，花了28元钱，而那时，刘洋爸爸一个月的工资还不到30元。

有一件事让妈妈内疚到现在还觉得对不起女儿。

初中毕业时，刘洋被保送到郑州市十一中，学校组织去北京大学、清华大学参观，刘洋也非常想去，因为去看看北京天安门，看看中国的最高学府，一直是她的梦想，可懂事的刘洋却主动提出不去了，为啥？

那时，姥姥有病，又逢爸爸出差不在家，最主要的还是刘家经济条件不好。"再免费也得花钱，买个纪念品、课外书的总得自己掏钱吧。"

刘洋最终放弃了这次免费参观，对她来说，可能只是个小遗憾，而对妈妈来说，"这事可能会让我愧疚一辈子"。说这句话时，妈妈的眼睛有些湿润。

不过，刘洋很快圆了游北京的梦想。那时市里组织"雏鹰欲飞"夏令营。她的姨姥姥听说后，掏出200元钱替她报了名，觉得这样长见识、多锻炼的机会，不该让孩子错过去。于是，也就有了刘洋的那张靓照。

照片拍摄于1994年7月8日，地点是天安门前，刘洋头戴太阳帽，身穿当时流行的套裙，上衣是花色短袖，下身是白裙子，白凉鞋，白袜子。这是刘家保存的刘洋唯一一张着亮色衣服的照片，这身衣服也是她穿得最鲜艳的衣服。

1994 年 7 月，初中毕业后的刘洋参加郑州市有关部门组织的"雏鹰欲飞"夏令营。第一次来北京，在天安门前留下幸福的一刻

骑自行车陪考

刘洋妈妈自称是"严母"，但她对女儿的那种爱却平静如水，润物无声。

中招考试时，不少孩子的家里都是全家人齐上阵，带上好吃的、好用的，提上大包小包去陪考。而刘家没有，"正常的考试，保持个平常心就行了，搁不住兴师动众的"。

妈妈本来不打算去送考，让刘洋自己骑着自行车去参加考试，但转念想想，她还是跟着去了，刘洋骑辆车子在前面，她骑着车子跟在后面。

"我去可不是给你保驾护航的啊。"妈妈给刘洋开玩笑，"要是你的自行车车胎被扎没气了，你骑上我的车子直接就走，不耽误考试。"原来，刘洋的车子有点破，容易被扎漏气，妈妈是担心车子出毛病会影响女儿考试。

妈妈的爱，刘洋能体会得到，她也深爱自己的妈妈。不过，在平时，刘洋常跟爸爸站在一个战壕里，一家人坐在一起聊天时，妈妈偶尔说起爸爸有啥不好，刘洋就转过身来批评妈妈，并为爸爸"打掩护"、"做辩护"。

刘洋妈妈有点"吃醋"，曾不止一次地说，以前，她总觉得自己和女儿刘洋的心离得更近，后来，"越来越发现她爸比我离得还近"。

爸爸评价少年时的刘洋有三个特点：一是很孝顺，二是非常执着，第三点是十分勤奋。

虽然是朋友式教育，但在好习惯的要求上仍不含糊。

读中学时，每次早起，爸爸都会"温柔"地喊几遍，催刘洋起床吃饭上学；而爸爸一不在家，就享受不到这待遇，妈妈每天最多只叫三次，必须起床，否则的话，起来晚了，也得把饭吃完，上课迟到了，自己给老师解释，受到处罚也得自己承担。事实上，刘洋最怕上课迟到，因此渐渐养成了早上不赖床的好习惯。

刘洋妈妈后来说："本来我和她爸商量，我把刘洋从小学管到初中，她爸管高中，结果呢，我从小学一下子管到高中，到大学自然就不用了，女儿也成才了。"

第六章

喝不下去的"健力宝"

上世纪八九十年代，"健力宝"饮料很流行，孩子们都爱喝，刘洋也不例外。但对刘家来说，这却有点像奢侈品。"没有这个闲钱，也舍不得买。"用她爸爸的话说，这饮料对她家的收入来讲，是高不可攀。

一次，刘洋爸爸去外地出差，回来时，别人送了件"健力宝"饮料，爸爸、妈妈都舍不得喝，让刘洋自己一瓶一瓶地喝。

"看来，爸爸妈妈都不好喝这饮料。"刘洋一边喝得有滋有味，一边对爸爸说了这句话。

"你说，'健力宝'好喝不好喝？"爸爸听后，决定要"教训"一下女儿。

"可好喝了！"刘洋歪着头，沉浸在甜蜜中。

"爸爸也知道好喝，妈妈也知道好喝，我们为什么不喝啊？你懂吗？不舍得喝。你正是长身体的时候，喝了对身体有好处。"

爸爸一连串的话，让刘洋明白了父母的良苦用心。她低下了头，眼泪"吧嗒吧嗒"地往下掉，她向爸爸道歉，说自己错了。

10 元奖学金的感恩

回报、感恩，对年少的孩子来说，这些都是未来要做的事，因为还没这个能力去回报他人，"心有余而力不足"。但刘洋在初二时，却做了件让爸爸和妈妈觉得是"惊天地"的事。

这事与两双球鞋有关。

读初二时，刘洋因学习成绩优异，综合表现好，拿到了第一笔奖学金：10 元钱。这可是笔不小的收入。同学们都很羡慕她，有好友问她："这奖金准备咋花？是买书还是买衣服？"刘洋笑而不语，回家也没有给爸妈多言。

第二天，她自己去商店给爸爸买了双 10 元钱的"回力"牌白球鞋。之前，爸爸在逛街闲聊时，无意中说了句"穿上白球鞋肯定很舒服"。

说者无意，听着有心。谁知，刘洋记住了这句话，认为爸爸一定想穿白球鞋，只是自己不舍得去买，她要帮爸爸实现这个小小的愿望。

当看到女儿用奖学金买的球鞋时，爸爸喜出望外，紧接着鼻子也变得酸酸的。

升入初三，刘洋又一次拿到 10 元钱奖学金，她不偏不向，给妈妈也买了一双白球鞋。

两双球鞋，是刘洋分别送给爸爸、妈妈的第一份礼物，也是他们心目中最有意义的礼物。他们看到的不仅仅是球鞋，而是女儿真的长大了，学会了感恩。这也是女儿人生中一笔不小的财富。

27 年未断的师生情

在老师们眼中，刘洋是个知恩图报的孩子。

小学启蒙老师白凤芝保存着两样"宝贝"：一个 SU—27 战斗机模型和一张贺卡，都是刘洋送给她的。战斗机模型是刘洋在长春

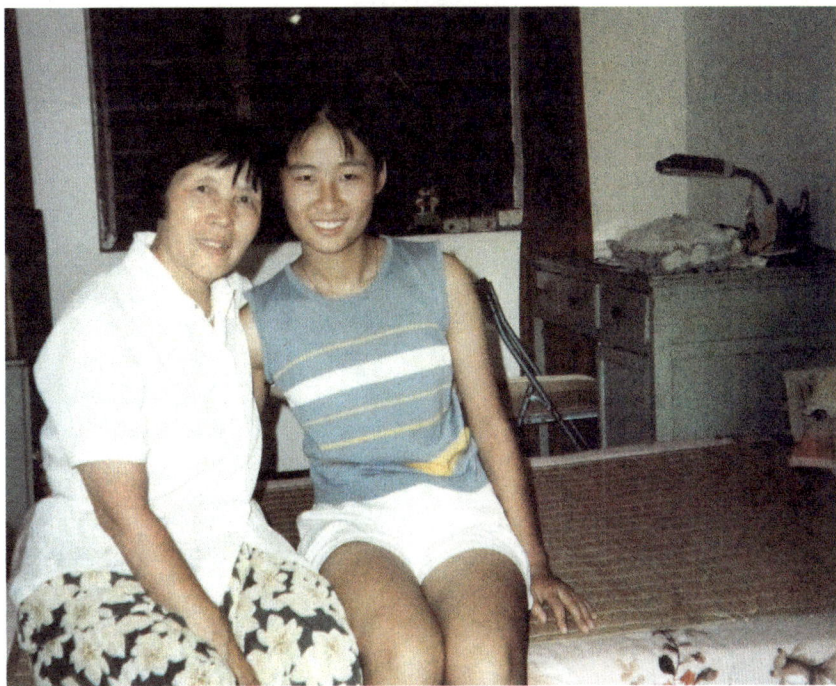

1997 年 8 月 17 日，即将前往空军飞行学院报到的刘洋与白凤芝老师合影

白老师每每谈起刘洋赠送的这个飞机模型总是笑得合不拢嘴

飞行学院时放假回家去看望白凤芝时赠送的，她妈都没有。

那张贺卡是刘洋元旦寄来的，上面的祝福语依然清晰："祝身体健康，万事如意，佳节快乐，青春常驻；南国水暖，北国冰寒，师生情谊，长存心田。"后面的四句话，是刘洋写的诗。虽然字数不多，但凝聚着刘洋对老师的那份深情。

其实，刘洋和白凤芝的联系，27年来从未中断。中学时，白凤芝也关心着刘洋的学习，有时也和她聊天，谈谈学业；上大学后，刘洋则主动联系老师，新年寄贺年卡，放假时抽空去老师家看望。

工作后，由于联系不便，她给妈妈打电话时，就问问白老师的身体情况，并请妈妈转告她对白老师的问候。

"分配工作后，还来过我家一次。"白凤芝回忆说，此时幸福还似乎弥漫在她的周围。之后，只要电视上有刘洋的报道，她的妈妈就提前给白凤芝打电话，而白凤芝则准时收看。"每次看到这孩子进步，我都可兴奋。"

　　刘洋成名后，一拨又一拨的记者找到白凤芝老师，"挖掘"刘洋的小学故事，每次接受采访，她都带上那个飞机模型和那张贺卡。在她看来，这是她们师生情最好的见证。

蓝天梦生

刘
飞天嫦娥
洋

第一章

和央视名主持张泽群成校友

1994 年 7 月，刘洋被保送到郑州市十一中，但这并不是她最佳的选择。

据说，当时，她本来想报考当时的郑州市一高，后来有了保送资格，再加上老师们做动员，她决定到郑州市十一中就读。后来，中招考试成绩公布，她的成绩远远高于郑州市一高的分数线。但由于没报考该校，她仍然来到郑州市十一中就读。

这所中学始建于 1953 年，原名"河南省郑州第三高级中学"，1958 年，更名为"郑州市第十一中学"。早在 1961 年，就被确定为市重点高中。这是所田园式学校，曾有人这样写诗来形容："山水、清溪、森林小径，汇天地之灵气；鸟鸣、山幽、林籁之声，融智慧之精华"。

中央电视台著名主持人张泽群，也毕业于这里。

扎着小马尾，身着白裙子，刘洋就是这身装束，第一次走进她的高中生活。这所学校，汇集了初中的尖子生，学习的竞争相对比较激烈。虽然刘洋是保送生，但在这样的环境下，她丝毫不敢放松，因为一不小心，成绩都可能被同学甩在后面。

希望考上大学改变命运

如果说这时的刘洋已怀揣着蓝天梦,为时尚早。

在当时的教育环境下,不论城市孩子,还是农村孩子,考大学、考上名牌大学才是唯一的好出路。刘洋也不例外,她的梦想和同龄人一样,希望考上好大学,来改变自己的命运,进而改变家庭的命运。

在高中阶段,刘洋留给师生的共同印象就是"家境普通",很多女孩爱打扮,衣着鲜艳,但刘洋始终素面朝天,穿着朴素。语文老师李风云则这样评价她:刘洋写文章一如她的为人,结构严谨,行文不华丽;在学习上,她勤学好问,爱钻研。

后来曝光的刘洋高中学籍卡显示,语文、数学、外语成绩大多在90分以上,其他功课大多是"优",不偏科,是名符其实的优等生。而高中毕业考试成绩更惹眼:数学、化学、生物三门功课均考得满分100分,仅有语文考得相对差些,是85分,其他科目全在90分以上。

在这张学籍卡的背面,还写着老师的评语:"学习努力,认真负责,被评为校级优秀干部……"

第二章

人送外号"万里挑一"

那时,高中文理分科是在高一学年末,刘洋报的是理科,她所

高中二年级任校学生会组织委员的刘洋主持九八届学弟、学妹们的团干部选举大会

在的班级是 97（五）班，全班 70 多个人。刘洋的"官衔"挺多，也称得上身兼数职，当过团支书、学习委员，还是英语课代表、校团委组织委员。能担任这么多的学生职务，"并非光看成绩，而主要是工作能力，有责任心和联络师生的热心"。

高中时代的刘洋，梳着干练的马尾辫，大方、从容、自信，行事低调，坚韧能吃苦，同学们给她起了个外号，叫"万里挑一"。

这个"万里挑一"，不是说刘洋的长相，而是她的学习成绩。

王旭峰是刘洋的同班同学，他和刘洋的家都在城东路附近，放学后，他们几个同学总是结伴回家，一路上谈天说地，说说笑笑。对这个外号的来历，他最了解。

王旭峰解释刘洋这个外号的由来：高中时，多数同学都偏科，不是理化成绩差，就是英语不理想，而刘洋呢，学习成绩一直拔尖，在班级内始终保持前十名，让大家佩服的是，她从不偏科，全面发展，各科成绩都很好。

像她这样的"超人"，一个学校也没几人，不知是谁想出来个"万里挑一"的外号，大家一听，都说怪形象，就叫开了。刘洋呢，也没极力反对，算是默认。

现为河南卫视项目部编导的秦峰，那时和刘洋是前后桌，他们分别坐在第五排和第六排。"个子高高的刘洋，脾气很好，在下面和同学有说有笑的，但一到讲台上还会脸红。"

"人特别朴实，相貌端庄，学习很好。"秦峰用这三句话来概括他眼中的老同学刘洋。他还补充说，她不出风头，几乎从不犯错，想不起她被哪个老师批评过。这可能与她严谨的家教有关。

人生第一个视频资料

刘洋高中时的模样，除了为数不多的照片有"记录"外，还有一段珍贵的视频，这也是刘洋人生阅历中最早的一个视频记录。遗憾的是，她到现在还没能看到。

视频拍摄于1995年5月，刘洋正读高一，武秋月老师既是班主任，也是英语老师。她的丈夫庞人龙也是学校的老师。

那时，庞人龙刚买了个摄像机，拍摄技术还不熟练，就想多练练手。征得妻子同意后，他到武秋月老师的英语课上拍摄录像。拍

高中课堂上的刘洋用英语讲解地理知识（视频截图）

完就存在电脑里，过了好长时间，才刻成光盘珍藏起来。"受条件所限，包括刘洋在内的班里学生，都没看过视频。"

2012年6月，刘洋成名后，庞人龙又想起这段视频，观看时惊喜地发现，视频中竟有多处刘洋的"特写"镜头，当时他并不是刻意为之，可以说是"无心插柳"。

整个视频记录的是一节完整的英语课，时长50分钟，而刘洋的画面有三四分钟。视频里的刘洋，梳着简单的马尾辫，白色短袖衬衣，眉清目秀。坐在穿着花花绿绿的同学中间，她显得特别朴素，甚至有点土气。

快下课时，武秋月老师让身为英语课代表的刘洋走上讲台，对着地球仪，用英语为全班同学讲解各个国家的地理位置。只见刘洋一边转动地球仪演示，一边用不太流利的英语来给同学们讲解地理知识，讲得绘声绘色。

高中课堂上的刘洋（视频截图）

或许是因为第一次面对着摄影机镜头，讲解时她有一次"卡壳"，但迅速换之以微笑来"化险为夷"，继续讲解。讲解结束回到座位时，她依然是面带微笑，显得十分从容自信。

谁也不会想到，当年面对镜头去抚摸地球仪，来"俯瞰"世界的刘洋，在17年后，却飞上了天，环绕着地球飞行。不过，这次她面对的是24小时的拍摄直播，吸引了全世界关注的目光，不再是当年的那个普通摄像机镜头。

庞人龙曾几次对媒体公开表示，他希望见到飞天归来的刘洋，能亲手把这段高中记忆送给她。

思考成了"招牌动作"

性格温和、学习好，这是刘洋在高中同学心目中的共同印象。在上海做设计的同学张鹏，当年是班长，刘洋是团支书，班里当时仅有一个人没有入团，张鹏曾和刘洋开玩笑说，咱俩的位置和权力是一样的，"我就比你多管一个人"。

张鹏在电话中忆起"老搭档"，他说，刘洋谦虚低调，性格又好，很受同学和老师的喜欢。

"一手拿书，一手拿笔，笔的一端点着嘴唇。"这是同学王旭峰对刘洋"招牌动作"——思考的描述。

想起高中三年的流金岁月，王旭峰就不住感慨："她不会的问题，一定会去问老师和同学；如果她没有听懂，会先说声对不起，然后让你再给她讲一遍，直到弄懂为止。"

王旭峰说，他最后一次见刘洋是在高考结束，距今有十多年了，提起刘洋，脑海中浮现的还是一副脸上永远挂着淡淡的笑乐呵呵的形象。"很文静但绝对倔强！"

当刘洋光荣成为神舟九号女航天员时，同学们惊讶之余又觉理所当然。

刘洋的高一同桌李倩说："刘洋一直都很优秀，飞天对她说不是难事，有时想想，自己身边很平凡的人却能做出这样的成绩，着实不简单，让人很震撼。"

高中好友合影

"她无论做什么事情都很认真、努力，属于上学时老师喜欢、放学后家长放心的那种女孩。"好友秦静道出心中的刘洋，不矫情，不修饰。

那时的高中女生，最怕中长跑800米。体育课上，一遇 800 米中长跑，不少女生怕累，变着法子偷懒，但刘洋却是"明知山有虎，偏向虎山行"，"有多大力，出多大力"。

体育老师马德顺记得，高一时的 800 米考试，刘洋的成绩是班级前几名。这也让他对"瘦高个"女生刘洋有了新认识：虽有些偏瘦，但并非"弱不禁风"。

假小子与乖乖女

"假小子"与"乖乖女"，本是特征鲜明的两类人，但在凤凰卫视记者张慧的眼里，刘洋二者兼而有之，既是个"假小子"，又是个"乖乖女"。这是在郑州走访刘洋的初中、高中的老师和同学后，勾勒出的刘洋画像。

在 2012 年 6 月 16 日凤凰卫视《神舟九号人物》节目中，张慧曾这样介绍：其实刘洋真的是一个乖乖女，所谓乖乖女，就是说她的成绩真的非常之好，她初中既当过英语课代表又当过数学课代表，然后她初中升高中的物理成绩是满分，在内地物理成绩达到满分，其实也不是那么容易的事情，她是可以做到全面发展，全科都是优良的成绩。

高中好友合影

称刘洋是个"假小

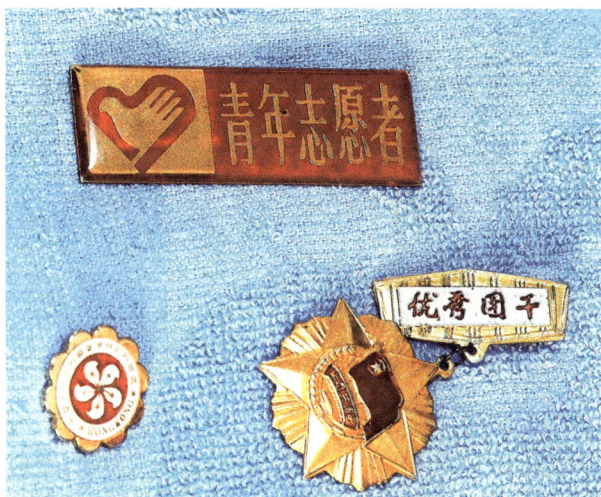

与一些只一心读书，争取考好的大学的同学们不同，刘洋不但学习好，课外生活也有声有色，是优秀的团干部、青年志愿者，同时还参加了很多的课外社会实践活动

子"，张慧是这样来解释的：大家觉得她的性格是不怕吃苦，相当坚强，对一些事情认定了，就坚持一步一步走下去，她的衣着也是相当朴素。刚刚也说到她是出身在一个工人家庭，上世纪七八十年代，生长在这样普通的家庭里面的小孩子，会比较清楚地知道自己想要什么。

此外，张慧通过跟刘洋家人的交流，感受最深的一点就是他们的感情表达方式都是相当的含蓄。"我觉得这也是造成刘洋性格比较沉稳、处事比较低调的一个原因，这也是她现在能够成为中国第一个女航天人所具备的一些条件，而且她也正好是契合的。"

班里的"证书专业户"

要问刘洋在高中获得的荣誉有多少，恐怕她自己也说不清，有同

刘洋参加第四届中国郑州国际少林武术节
开幕式大型文艺晚会表演时的样子与演出证

学说她是班级里的"证书专业户"。在她家里，还保存着几十本大大小小的证书，既有市级三好学生、优秀班干部、优秀团干，还有校级的各类奖状，包括三好学生、青年志愿者等等，以及各类竞赛的获奖证书，有一等奖的、有二等奖的，也有三等奖和优秀奖。

妈妈说，刘洋获得过郑州市优秀班干部的荣誉，她之前一无所知，直到刘洋大学毕业后，学校举行六十周年校庆时，在学校的纪念册上，她才看到刘洋有这个荣誉。

"她一直把荣誉看得有些淡，获了奖、领了证书，也不张扬，有时连说都不说，就把证书藏起来了。"这一点让妈妈有些意见，觉得这孩子对荣誉太没感觉。

高中时的刘洋，同样不

1995 年 12 月，刘洋作为中日友好交流团的一员与日本浦合市立高中二年级八组的同学们度过了一段美好的岁月

是"书呆子"，是个多才多艺的人才。第四届中国郑州国际少林武术节，刘洋和同学们一起参加武术节的文艺汇演，一举演出成功，她"颠覆"了自己以前的风格，穿着黄色的演出服亮相。直到现在，演出证件和服装还完整地保留着。

还有一次，是在 1995 年，她参加中日友好交流团活动，证件号是 8 组 1 班，刘洋和异国高中生面对面交流，成为了好朋友，也让她开阔了视野，受益匪浅。

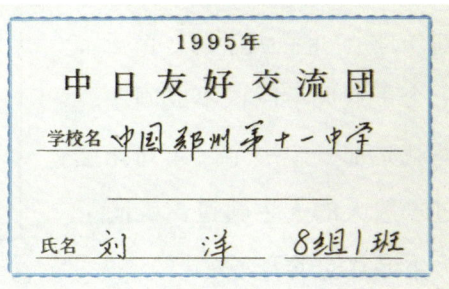

1995年
中 日 友 好 交 流 团
学校名 中国郑州市十一中学

氏名 刘 洋   8组1班

"刘洋比较重感情，同学之间能帮的忙就帮。"一位姓施的男生说，除了文静、沉稳，他比别人对刘洋还多了份认识。

原来，这位男生曾对另一名女生有好感，想通过刘洋去传达爱慕之心，便请刘洋帮忙传纸条。在当时，学生之间互传纸条以表达心情是十分常见的。

那时的刘洋，觉得同学有求于自己，就按要求传了纸条，也传递了那位男生的爱慕之情，但最后遭到那名女同学的拒绝。刘洋虽有些无奈，但还是表达了她的同情。这事到今天，让那位施姓同学仍难以忘怀。

第三章

报考飞行员的前前后后

刘洋假如当年不报考飞行员，她走的是另外一条路子，在老师们心中，踏实又勤奋的刘洋是个"重点大学的好苗子"，上个重点大学应该不成问题。但就是那一个决定，让刘洋绕过一般人的人生轨迹，走向了极不寻常的飞天之路。

空军飞行学院录取通知书

有关刘洋报考飞行员的说法，媒体传了多种版本，一说是在高三班主任武秋月老师劝说下报的名，另一说是武秋月老师支持，家人反对等等。

刘洋妈妈讲述了报考飞行员的前后经过：空军在河南选拔第七批女飞行员的时间是 1996 年 8 月，刘洋刚进入高三。

刘洋回家后把"招飞"的事告诉了妈妈，并表示自己也想报名。之前曾有航空公司去学校招飞行员，一旦入选，就能去北京航空航天大学就读，再去澳大利亚留学接受培训。刘洋心动了，也想去试一试，不过，一个附加条件让她的心凉到了底："只收男生，不收女生。"后来在一篇自述中，刘洋这样表达当时的"不屑"："有什么了不起，凭什么认为女的就不行！"

这次招的是女飞行员，让刘洋喜出望外。女飞行员的一个硬条件是 1.65 米以上，那时刘洋的身高是 1.69 米，体重是一百零几斤，有点显瘦。

"你去报吧，郑州那么多人呢，你不一定能考上，只管试试，接受国家挑选吧！"妈妈笑着说。

其实，爸爸和妈妈的心里非常矛盾，"不知道是福是祸"，因为家里两代人都是普通工人，一点也不了解空军和飞行员的情况，更不知道未来的发展会是个什么样子。

于是，他们专门找到一个从

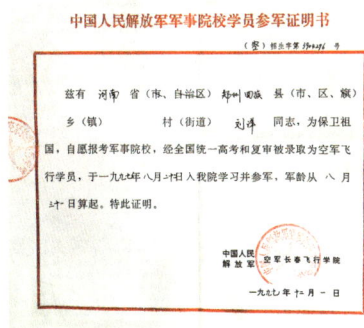

参军证明

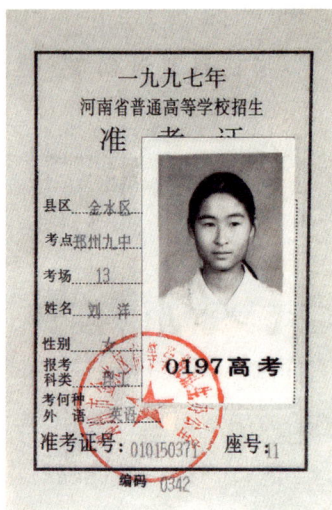

一九九七年
河南省普通高等学校招生
准考证
县区 金水区
考点 郑州九中
考场 13
姓名 刘洋
性别 女
报考科类
考何种
外语 英语
0197 高考
准考证号：010150371 座号：1
编码 0342

机场退休的熟人，围绕着飞行员的前前后后、左左右右，打破砂锅问到底。对方劝他们："放心吧！孩子要是真的当上飞行员，肯定会有出息的，你们两口子等着享福吧。"

妈妈后来表示，对刘洋报考飞行员，他们当时确实没抱多大希望，认为飞行员条件肯定很高，女儿有些瘦，身体不一定能过关，"但凡是女儿决定的事，我都支持"。

另外，刘洋也把自己想报考飞行员的想法，告诉了班主任武秋月。事实上，武秋月已经给刘洋报了名，在她看来，通过高考进入重点大学，刘洋可选择的机会很多，但要成为一名光荣的女飞行员，也许一辈子就只有这一次机会。

后来，刘洋接受央视《面对面》采访时也透露，是武秋月老师替她报的名，"多好的事啊"。

不过有同学猜测说，军校不仅免学费，还发生活费，刘洋家里经济条件不好，她选择上军校，可能有这方面的原因。

刘洋妈妈说，其实，当时他们没有考虑那么多，虽然经济条件差，压力很大，但还是供得起女儿上大学的。

同班同学张莹光回忆说，对班里"尖子"刘洋报考飞行员，大家都非常意外，觉得这么好的成绩，不上重点大学，而选择当飞行员，实在可惜，"亏材料"。大家私下里在一起议论时，甚至有人开玩笑说，刘洋将来可能开飞机去新疆农场喷洒农药。

一匹冲出来的"黑马"

飞行员之路并非平坦，首先得过体检关，这关过不了，文化成绩再优秀也白搭。

王国祥老师当时在郑州市十一中教导处工作，刘洋三次参加空军"招飞"体检，其中前两次是他带队去的。

第一次体检，王国祥驾驶一辆面包车，载着刘洋和其他四名女生，到郑州市内的体检地点。这次，三人被淘汰，刘洋侥幸过关。

接下来是第二次测试，还是王国祥带队。这次身体测试，不像上次一样当场公布成绩，"这次能不能过关，都是未知数"，但刘洋表现得很平静，似乎胜券在握。而同去的另一女生则显得有些紧张，向王国祥表达出自己对成为飞行员的渴望。就是这细微的差别，让王国祥对那时的刘洋刮目相看："心态很好，不简单！"

对女儿体检的事，刘洋妈妈印象也很深刻："体验要求严着呢。"

她记不清是第一次还是第二次体检，只记得体检地点是郑州市区的白云宾馆，到晚上了女儿还没回来，她放心不下，和丈夫一起急急赶到白云宾馆，一问才知道，宾馆当时实行封闭，体检项目要到第二天才能完成。

最后一次体检，是到中国人民解放军济南军区空军招飞中心，这也是体检方面的最后一关。"全郑州就剩三个女生"，刘洋是其中之一。

当时的带队老师，是时任学校教导主任的陈静老师。刘洋爸爸、妈妈都没去："觉得女儿自己独立意识强，不会出啥事，再说有老师跟着呢。"

妈妈去郑州火车站送刘洋时，才发现同去的其他两个女生都有父母陪同，只有刘洋是独自前往。这时，妈妈有点后悔了，自己也应该陪女儿，毕竟是个关键时候。

无奈，她只好几次拜托陈静老师多关照女儿。一路上，陈静无微不至照顾着刘洋。

后来陈静对媒体表示，刚到济南时，看到现场有那么多女孩来体检，刘洋当时表现得有些紧张，陈静赶紧开导她，鼓励她。很快，刘洋就恢复了平静。那时，陈静对刘洋始终是充满信心的，因为刘洋一直担任班干部，办事沉稳，应变能力强，"肯定没有问题"。

事实真的如此，刘洋再次过关。接下来，就是高考了。

这是刘洋妈妈和陈静的唯一一次见面，但她却记到了今天，她还在刘洋飞天后，委托当地主流媒体《东方今报》在报纸上公开表达对陈静等老师的感谢。

第四章

高考成绩高出一本分数线 43 分

三次体检过关，就等高考成绩比高低了。高考成绩也是成为飞行员必过的门槛之一，成绩不上线，前面的努力等于零，还是只能对飞行员望而兴叹。

1997 年高考，刘洋的高考成绩到底考了多少分？媒体的报道大致都是这样的内容："据老师们回忆，刘洋考了 620 多分，高分过线，且比河南省当年本科一批分数线高出了 31 分。"

其实，这一切都是误传，许是时间过得太久，老师们记不清当年的分数了。当年，刘洋的高考准考证号是 010150371，考点在郑州九中，是 13 考场，座号 11 号。

直到 2012 年 7 月 5 日下午，妈妈在家里整理刘洋的物件时，惊喜地发现她当年的高考成绩证书还在，这份由河南省招生办公室印发的成绩证书，编号是 0129507。

她的高考成绩并非传说中的 620 多分，而是 695 分（综合分），那年高考实行的是标准分，即满分 900 分。

她的高考成绩证书显示：语文 645 分，数学 599 分，外语 664 分，

河南省一九九七年普通高等学校招生全国统一考试

成 绩 证 书

姓名： 刘洋　　准考证号： 010150371　　科类： 理工

科　目	语文	数学	外语	物理／政治	化学／历史	综合分
常模量表分数	645	599	664	528	534	695

（请妥善保管，遗失不补。）

0129507

河南省高校招生办公室

1997年普通高校录取郑州考生名单

北京体育大学
010140073 刘冰
010140047 窦喆
李鹏举（特招）
郑宪宾（特招）
王珂（特招）
冯宏昌（特招）
陈晨（特招）
陈磊（特招）
荆学磊（特招）
上海体育学院
010250747 洪洋
010110007 李悦
电子技术学院
010151376 丁江
010151308 常薇
010151028 张贞
装甲兵指挥学院
010550506 庞博
军事经济学院
010150774 张普
011250238 丁周
南京政治学院
011410231 乔晓征
011316120 常培有

第一军医大学
011651218 白雪飞
011150538 张海峰
空军工程学院
011450771 穆宏广
二炮工程学院
011450634 高智杰
人民公安大学
010150584 程磊
010550498 王瑞华
010250912 赵鹏飞
010150406 杨文
警官大学
011350511 张朋飞
刑警学院
011450610 田小根
武警学院
011450647 游刚
武警技术学院

011450361 马彩虹
武警医学院
011630642 卢红梅
010550463 杨原
011450515 安书强
北京电子科技学院
010250594 阎仲毅
010250241 宋松华
010250690 于郑库
国际关系学院
010550286 王子冠
010150997 姚志刚
010210347 蔡锐华
010550426 赵磊
010550460 董可
010151313 张燕搜
江南社会学院
010550384 贾朋华
吉林大学
011150300 郑涛
华东理工大学

010130506 田辛方
华中师范大学
010130170 彭亦菲
010130020 魏华
陕西师范大学
010130348 仪欣
石家庄铁道学院
重庆商学院
武汉工业大学
010130064 信瑶
010130572 黄晋
010130405 张扬
华南理工大学
010130409 王娜
010130564 袁婷
天津轻工学院
010130076 王振宇
010130600 郭艳
010130319 郭琴

010130146 刘冰媛
010130459 焦翔
010130170 刘华
010130014 牛艳
010130189 蒋研
010130056 叶琳
010130596 代朋
010130133 葛咏
010130532 黄晋
010130140 陈志茹
010330334 全世杰

010130129 李亚峰
010130361 蒋静
010130038 李强
010130589 刘华
010130141 张晓
010130561 黄坦
010130419 胡曼静
010130175 梁云
010130420 管锐
010130328 王旭
010130497 张君秋
010130108 熊铮铮
空军飞行学院
010550371 刘洋
民航飞行学院
010550526 白露
010250284 孙晨
010151034 鲁然

010350117 杨喆
011250904 张长伟
010151276 高锐
010350107 陈骥
010151323 杨福军
010251128 张宾
010151338 刁剑
011350022 薛军锋
010750082 吕崇
010150626 刘
宋太生
010550410 杜明
010250833 王忠伟
010550238 刘建国
011450534 乔星阁
010550120 孟维静
010550822 李伟
010550317 陈娜
010150404 刘鹏
010250404 李

物理 628 分，化学 714 分，综合分 695 分。而当年的理工科本科一批分数线是 652 分，也就是说，刘洋的高考成绩比本科一批分数线高了 43 分。

当时，学校有保送北京理工大学的名额，刘洋因成绩突出、综合表现好，优先获得保送资格。不过，班主任武秋月却推荐了另一位同学，而没推荐刘洋，因为刘洋成绩始终优秀，也稳定，十分"靠谱"，"肯定能考得上"。而那位同学的成绩也很优秀，只是不稳定，忽上忽下。因为自己埋藏在心中的蓝天梦想，刘洋也愿意放弃保送资格。

大红通知书让她名声在外

一路过关斩将，刘洋终于成功，被录取为女飞行员，也因此成为郑州市乃至全省第一个也是唯一一个被录取的女飞行员。

1997 年 8 月 1 日，刘洋收到了录取通知书和入伍通知书，封面是闪闪发光的"八一"军徽。这份通知书，至今还保存在刘洋家里，上面这样写道：

"刘洋同学，你被光荣地录取为中国人民解放军空军飞行学员，祝你早日成为一名蓝天卫士！"

录取单位是中国人民解放军空军飞行学院、济南军区空军招飞中心，河南省招生办公室也加盖了公章。

接到录取通知书，刘洋第一次成为媒体关注的对象，当年的郑州媒体以《我市将有第一位女飞行员——刘洋好样的》为题，报道了她被录取为飞行员的消息。

报道中这样写道："我市今年招飞工作已圆满结束，全市 28 名考生被中国民航飞行学院录取，空军飞行学院首次在我市招收女飞行学员，郑州十一中的刘洋将成为我市第一位蓝天女卫士。"

据悉，当年，郑州市共有 28 名考生被中国民航飞行学院录取，被空军飞行学院录取的只有一人，也就是刘洋。

与此同时，大红标语贴满了校园："热烈祝贺我校刘洋同学被长春飞行学院成功录取！""祝贺我校刘洋同学成为河南首位女飞行员！"名不见经传的刘洋，一时名声在外，

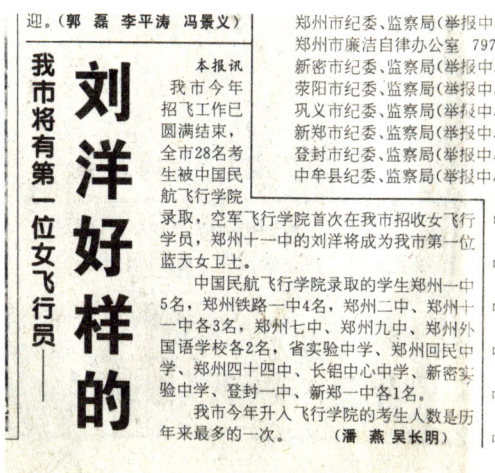

刘洋被录取为飞行员时的媒体报道

成为众人羡慕的对象。

但高兴归高兴，刘洋还是保持了低调，家里也没有向外界那样大张旗鼓地宣传，爸妈只是轻描淡写地通知了亲戚们："刘洋的通知书下来了，是长春飞行学院的。"接下来，就是亲戚们的祝贺电话。那个暑假，刘家的二三十位亲戚相聚在一起，照了张合影，算是为刘洋送行，也是特别之纪念。

刘洋的数学老师，现任郑州市十一中副校长的段全庆说，空军招女飞行员机会少之又少，刘洋凭自己的实力把握住了，"机遇总是垂青那些有准备的人"。

他在今年接受媒体采访时曾表示，刘洋认真、刻苦，工作能力很强，干事情有一种坚持精神，不怕吃苦，这也是她能够成为一个优秀的飞行员，能够成为中国第一个女航天员所具备的潜质。

第五章

爸爸摆摊修车为她挣学费

上世纪 90 年代中期，刘洋爸爸所在的工厂几近破产，每人一个月 200 元工资，也算是生活费，"不用去上班，想干啥干啥"。那时，刘家刚拿出所有积蓄 1.3 万元，购买了单位的集资房，日子过得紧巴巴的，而刘洋又即将上大学，大学学费从何而来？"总不能妞考上了大学，因交不起学费而进不了大学门吧。"

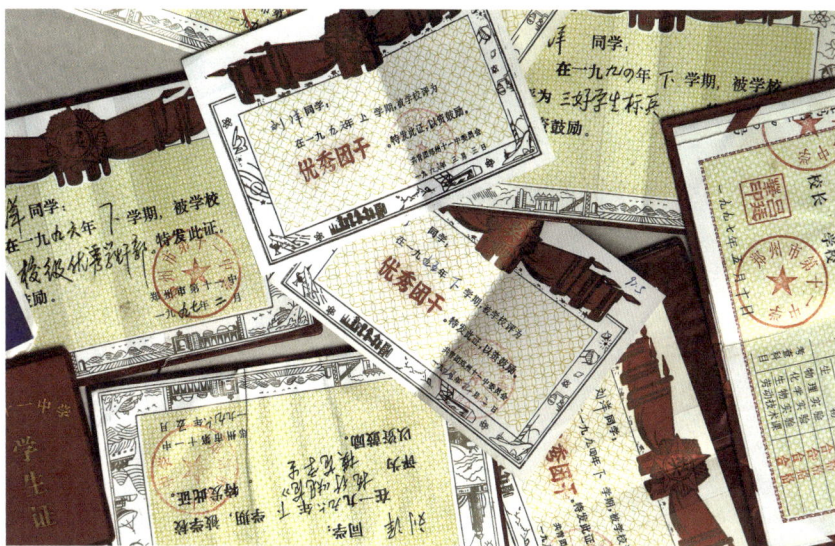
高中时期获得的各种荣誉

　　闲了一段时间，爸爸刘士林觉得不是办法，得找个谋生的行当干干。此时，他也是助理工程师，天天在工厂做的都是技术活儿，遂决定在街上摆摊修自行车，"算是还没离开老本行"。

　　1996年冬，郑州市货栈北街街头，就出现了一个新修车摊，师傅是刘洋爸爸，他拿着扳子、气筒等工具，搬张凳子，就出摊了。这对一个助理工程师来说，也是个考验，尤其是面子上。刚开始出摊修车时，他一见熟人总是脸红，甚至背过脸想躲起来。郑州的冬天也很冷，他的手冻得裂了口子。

　　刘洋叔叔刘中林曾三次碰见在路上给人家修车的大哥："大哥蹲在一个厕所旁给别人修自行车，满手油污……那是给闺女刘洋挣学费呀。"至今提及此事，他说话时还有些哽咽。

虽然风刮日晒，又脏又累，但刘洋爸爸还是越干越起劲，有时忙到晚上9点多才收摊，因为收入比上班高多了："一天几十块钱，一个月下来就能挣个一两千块钱哩！"他盘算着，这样干下去，等到女儿考上大学时，他也能攒个万儿八千的，第一年的学费就不愁了。

其间，也有工厂请他"出山"，虽然活儿比较清闲，但工资不高，还不到1000元，刘洋爸爸不愿干，因为那时不是要清闲的时候，女儿的学费才是家里"天大的事"。

高考前爸爸累得吐血

可是没等到女儿高考，爸爸却累倒了，那是高考前的第15天。

晚上收摊回到家，他有点咳嗽，咳出了点血，开始没在意，以为是天气干燥喝水少的缘故；几分钟后，再次咳出了一口血，他有点紧张了。

一会儿，又咳嗽了，咳出的竟是一大摊鲜血，他害怕了，赶紧给在加班的妻子打电话。很快，他被送进了医院，"迷迷糊糊的，啥都不知道了"。医生嗔怪说，干活儿也得悠着点啊，人咋能累成这样子？

爸爸住院了，正在冲刺高考的刘洋牵挂着爸爸，但又无法天天去医院看望，爸爸妈妈也不让她总往医院跑，怕耽误复习。

晚上放学回到家，刘洋特别留意妈妈的表情：妈妈的心情看上去好多了，她猜测着爸爸的身体可能好些了；要是妈妈脸上"愁云密布"，她就焦急地问："妈妈，我爸爸的身体到底咋样啊？"妈妈总以"快出院了"来回答。

高考前一天，爸爸要求出院，医生说至少需再住院半个月，身体才可以恢复出院。"医生，您给我开好药，我在家输液就行，无论如何，得让我出院。"爸爸央求道。

他说，女儿一直很担心我，若是她高考期间自己还在住院，会影响到女儿高考。

"妞，好好考试，放心吧，爸爸今天出院了！"当天下午，他如愿出院，办完手续的第一件事就是先给在亲戚家的刘洋打电话"报喜"。刘洋当年在郑州九中考点参加高考，而这位亲戚就在学校附近住。

"那时，在妞复习最关键的时候，我住院，肯定影响妞高考了，不然的话，她可能会考得更好！"到现在，爸爸还有些内疚。

第六章

拍了两次毕业照

到了唱起毕业歌的日子，校园里多了匆匆收拾行囊的身影，更多的是离别的情绪，还有眼泪在飞，或许这样毫无顾忌地宣泄，才是对青春的最后告别。

高中毕业照，刘洋照了两次，一次是高三同班同学的合影，照片上的她站在第二排第八位（从右至左），扎的还是马尾辫，穿着浅红色的上衣。毕业照的背景是竖立着的方形钟表，刘洋出名后，它也跟着意外走红。

第二次，是她高一时的同学合影，虽然文理分班后大都不在一个班级，但他们还是很珍惜这份同窗情。

拍了毕业照，就意味着即将分离，那时刘洋的心情略显沉重，但又故作轻松，装出无所谓的样子。

要毕业了，都会有好多话要对同窗好友说，特别是深情的祝福。在那时，毕业纪念册格外流行，人手一本，在班内互相传着写分别留言。

刘洋的毕业纪念册，是当时学生流行的硬皮花色笔记本，内页

高中毕业照第二排右起第八为刘洋

上有各种精美的浅色图案，上面写满了同学的知心话和美好祝福。由此可见，刘洋在当时颇有人缘，好友也多。

在这本毕业纪念册的首页，刘洋写下了这样一段文字：

也许是倦了，也许是累了，在争强好胜的外表下，脆弱的我总想找一处港湾，避一避风，避一避雨，坦诚地放纵自己，为什么把这如许的期望给我？如此的承诺我负担不起。背着众人的目光我去远航，狂涛恶浪刺痛了我的心房，可不可以给我一个空间让我痛哭一场？可不可以给我一个港湾让我略微整装？于是，从众人的眼中懂得，我只是他们眼中的一个希望，无可奈何我只有起航，只希望明天的目光中能获得一丝欢畅！

我们无法揣测刘洋当时的心情，但有一点可以看出来，紧张的高三生活还是让她感到了"累"，这或许是"为赋新词强说愁"，但对美好未来的追求，也是她的下一个目标。

秦静是刘洋的"密友"，当年她是这样给刘洋留言的：

曾记得你我为一个观点不同而争执不休，最后只得用无语来罢手；曾记得你我为小说主人公的曲折遭遇而抱打不平，干脆自己来续尾声；还想起你我之间的种种默契，一个眼神、一个动作，无需言语就明白意味着什么；最

难忘你对我的支持与鼓励，当我痛苦，当我失意，你总是站在我身旁，为我抚平创伤……这一切的一切，你我都会终生难忘，还用再说些什么呢？此时无声胜有声！

近刘洋者"赤"

高中毕业了，即将踏上新的征程。虽然成为河南省第一位女飞行员，但刘洋在邻居们的印象中，仍是"没啥不一样"，一家人都穿得朴实大方。一看穿的衣服，就知道是刘家的千金，因为这孩子"不像别的小孩，穿得花花绿绿爱打扮"。

王惠珍是刘家的邻居，她回忆说，刘洋总是扎着个马尾辫，见了她就笑着叫声姨。"刘洋长得像她爸，小妞长得谈不上多漂亮，但是很精神，对人也有礼貌。"

至今还被亲戚们津津乐道的是刘洋的影响，勤奋爱学的她在不知不觉中曾潜移默化地影响了许多亲戚家的孩子，让她的那些同龄的亲戚们有点近朱者赤的味道。

现在洛阳读硕士研究生的一个表弟，就是个例子。

据刘洋爸爸介绍，他这个侄子，小时候比较贪玩，学习成绩自然不好。那年暑假，这个侄子跟着刘洋两个月，刘洋看书学习，他也跟着看书学习，后来成绩飙升。

没有吵骂，也没有批评，他突然变得懂事、主动学习了，大人觉得很奇怪，问他为啥转性了，这个孩子说，要向姐姐学习，不能

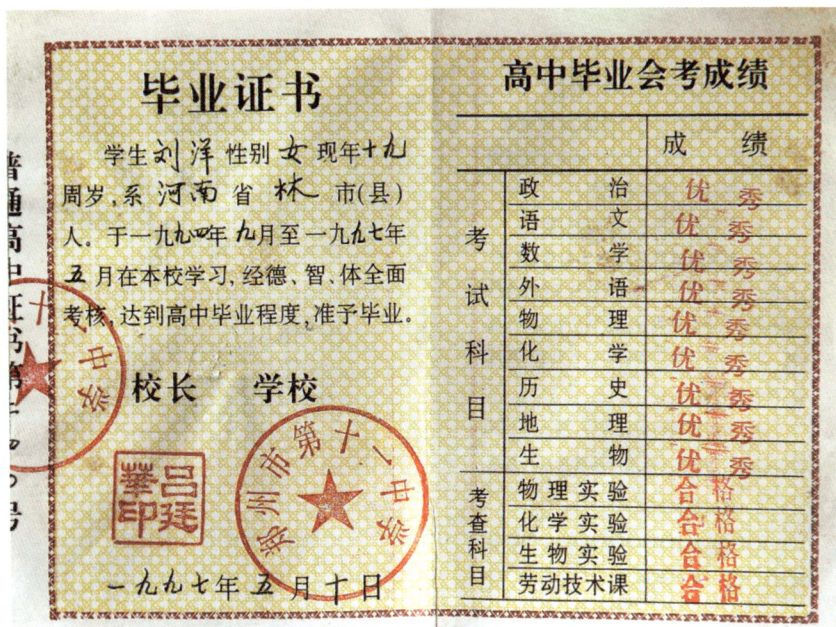

毕业证书

学生 刘洋 性别 女 现年 十九 周岁，系 河南省 林 市(县) 人。于一九九四年九月至一九九七年五月在本校学习，经德、智、体全面考核，达到高中毕业程度，准予毕业。

校长　学校

一九九七年五月十日

高中毕业会考成绩

考试科目		成绩
政 治	治 文	优 秀
语 文		优 秀
数 学		优 秀
外 语		优 秀
物 理		优 秀
化 学		优 秀
历 史		优 秀
地 理		优 秀
生 物		优 秀
考查科目	物 理 实 验	合 格
	化 学 实 验	合 格
	生 物 实 验	合 格
	劳 动 技 术 课	合 格

再贪玩下去。这一点，刘洋自己压根也没想到，还会有这个"疗效"。

时间在悄悄流逝，高中生活渐渐远去，一切往事随风而过。军营、飞行，这些对刘洋来说，曾是遥不可及的梦，但是现在却越来越近，她憧憬着，也在期盼着，同时也在思考着：未来的飞行学习，还会像中学时代一样顺利吗？

这暂时还是个未知数。她也在想象着可能会出现的困难，并先做好积极应对困难的心理准备。

人生蝶变

刘
飞天嫦娥
洋

第一章

初来乍到即"升官"

1997年8月20日，郑州的天空还弥漫着热气，而刘洋的心里却是凉丝丝的。那天，她怀着蓝天梦想，在爸爸刘士林的陪伴下，坐上前往北京的列车，而后再转车到长春，去空军长春飞行学院报到。他们乘坐的是554次列车，买的卧铺，刘洋在5车厢3号上铺，票价是95元。

"上军校，啥东西都不用带，吃住都是部队包了，还发有生活津贴。"爸爸回忆道，"去报到时，只给刘洋带了些换洗衣服，也没带啥钱。"

次日抵达北京后，这对父女来到天安门广场，本来想去登天安门城楼，可一听每人收费10元，父女俩舍不得，直接"免了"，就在广场拍照留念。刘洋身穿崭新的方格T恤，在天安门广场上照了张相，脸上有种说不出的喜悦。

当晚7时20分，他们乘坐K17次列车，赶往长春，刘洋坐在17车厢55号。第二天，刘洋就迫不及待地赶到空军长春飞行学院。

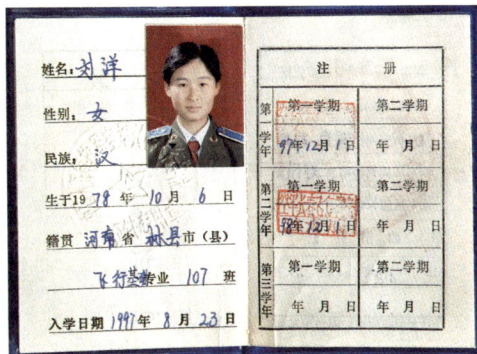

空军飞行学院学员证

在空军飞行学院学习期间，奠定了刘洋扎实的飞行基本功和良好的心理素质，为日后成为一名优秀的航天员打下了坚实的基础

8月23日，刘洋正式办理入学手续，成为我国第七批女飞行员。刘洋的学员证编号是第3904296号，所在班级是飞行基础专业107班。

刘洋的高考成绩在班级里是很牛的，在37名学员里排在前5名。一入学，她就当上代理班长。一个月后，刘洋就"升官"了，从代理班长升为学校军人委员会的主任，原因是"这个孩子特别爱思考，经常提些合理化建议，说话也很有条理，很稳重"。

在许多学员的记忆里，刘洋的外语成绩特别好，经常帮助其他同学补习外语，大家都叫她"小教员"。

军营里的小插曲

　　空军长春飞行学院，是我国一所初级飞行指挥院校，担负着培养合格飞行员、航空救生初级指挥干部等任务，2004 年，与其他院校合并组建中国人民解放军空军航空大学。航天员费俊龙、聂海胜、翟志刚、刘旺等都毕业于这里。

　　为让普通女青年迅速转变为女飞行员，学院设置有军事课，包括理论、技能、战术、野外综合训练、实弹射击、器械体操等。而军体课平均每周要上三至五次，学员们练习引体向上、旋梯、固定滚轮、单杠、篮球……

　　军校，严格的要求，铁一般的纪律，还有艰苦的训练，对初入军校的刘洋来说，简短的新鲜过后，是一段不适应，梦想与现实的

落差，更让她感到了些许迷茫："到处都是规矩、纪律，就像一把悬在头顶的利剑，一不小心就会受到批评，每天的生活单调而枯燥，周而复始一成不变……齐步，正步，跑步，一切都要从头学起，为了一个摆臂，在烈日下一站几个钟头，奔跑、跳跃、单杠、吊环，累到手发软，腿发抖，冬天一身冰霜，夏天满身泥汗，手上的茧子掉了又起，起了又掉，这就是我曾经千百次设想过的军校吗？"

新的生活，新的舞台，高中时的佼佼者，在军校中却渐渐落伍了，这也让刘洋重新审视自己，审视她的梦想。

她曾这样写道："飞行员是一个精神、意志、脑力和体力并重的职业，高强度的队列和体能训练，对于在学校一直以学习成绩为骄傲的我，是一个巨大的考验和磨砺，与同期入伍的体育生相比，我远远地落在了后面。"

她的想法与痛苦，并不想让家中的父母知道，怕父母担心，更怕父母伤心。于是，刘洋给高中好友写信倾诉，将其一股脑地"倒"了出来。

原想会得到好友的"共鸣"，没想到她在大伙儿眼里是羡慕的对象。好友在信中说："你知道我们是多么羡慕你吗？其实每个人的生命中都有一座玫瑰园，当我们还在苦苦寻找自己的玫瑰园时，你却早早地拥有了一片沃土。你只需努力浇灌它就能满园芬芳……快打开那扇遮住你双眼的窗户吧！"

就是这封普通的回信，给了刘洋莫大的鼓励，甚至有种醍醐灌顶的感觉。她觉得"再也不能这样活，再也不能这样过"，她得尽快调整自己、改变自己，进而适应军营的生活，毕竟什么时候生活都不会去适应自己。

此后的刘洋，没了抱怨，多了坚强。四年里，身为独生女的她，从未让父母来探望。四年后，从这里毕业时，她的训练成绩是全优，也是当时为数不多的优秀学员之一。谁能会想到，开学时还会有这段小插曲呢。

这也是她人生蝶变的第一步。

第二章

创造自己的奇迹

　　一百零几斤的体重，在同批学员中，刘洋相对瘦削，身体素质也比较差。不过，她从来都是天生不服输的，在军营里更不愿落后。

　　于是，她暗暗使劲，每天坚持多于其他同学的体能训练，付出了比别人多几倍的汗水：别人跑 5 公里，她就跑 7 公里。无论刮风下雪从来没有间断过。

　　最难忘的是一次野营拉练中，刘洋的脚打泡了，一着地，就钻心地疼。队长让她上车，刘洋笑着拒绝了，她一步一步地往前挪。150 多公里拉练回来，右脚水泡全部连成一片，到医院时，医生没有办法，只有把她右脚脚底板的整块皮全部切除。

　　"150 公里的拉练，也能战胜了！"这次，刘洋用自己的努力和拼搏，创造了属于自己的奇迹。

　　刘洋妈妈说起这事时，心疼得几乎要掉泪："这孩子懂事，怕我们担心，每次打电话都是'报喜不报忧'，一说都是在学校这好那好，一切都好。这孩子从小到大，只要认准的事，都会全力以赴做好。"

　　每个人的第一次，都免不了心生忐忑。刘洋第一次跳伞时，就是如此。

　　据《解放军报》报道，第一次跳伞之前，她打电话回家，母亲在电话那头轻描淡写地说："不就是跳伞吗？没问题，安全得很，何况有教员在，我们很放心。"刘洋当时还有点委屈，跳完了，反而不急于打电话报平安了。到晚上打电话才知道，爸妈一天都等在家里没有上班。听到刘洋的声音，爸爸在电话那头激动地说："好、好、好，平安下来就好。"妈妈拿起话筒，一句话也没有，双泪长流。

军营里的文艺女青年

其实，军营里不完全是枯燥的训练、单调的生活，还有属于女飞行学员的快乐。刘洋被称为是航校里的"文艺女青年"，她喜爱唱歌、爱舞文弄墨，偶尔还追星。

有媒体用这些文字来记录她们的"自娱自乐"：为了调剂单调的军营生活，她们每周末会在宿舍里举办自己的时装秀，宿舍走道

刘洋可爱的学生时代

就是她们的 T 台，观众就是她们自己，一群梳着短发的假小子，你穿我的裙子，我穿你的大衣，春夏秋冬，四季交错，都利用这段难得的自由时光尽情地释放平时被约束的个性。

有一年寒假，刘洋回到老家郑州。闲暇时，她拿出与许多明星的合影照片，妈妈问她是谁的照片，她给母亲一一介绍：白雪、蔡国庆等，都是在部队演出时照的。

在部队，有文艺演出，刘洋喜欢跟唱歌的明星们合影。妈妈一看，想不通了，嗔怪道："你这小姑娘，不好好学习工作，给人家男青年照什么相啊？"

刘洋逗起了老妈："你这'土老帽'，也太落后了吧。"她转而给妈妈解释，这些"男青年"都是从军队走出来的著名歌星，是在部队演出时合的影。被称为"土老帽"，妈妈也不生气，因为母女俩常这样没大没小地开玩笑。

"穿上军装，本来就失去了一半穿花衣服的机会。"战友陈宇回忆起当年的岁月，那时的刘洋经常和同学去逛街品尝小吃、买漂亮的裙子，"小臭美一下"。

而当心情不太好的时候，刘洋会安静地拿起自己喜欢的一本书，要么是名人传记，要么就是通俗历史书籍，翻来覆去地看，顺一顺情绪，捋一捋思路。刘洋是在通过读书排遣内心的不快。

师长看刘洋

"这个女孩各方面的表现，就是不服输，展示出了咱河南人的吃苦精神。"空军长春飞行学院老院长齐路通在 15 年后这样评价刘洋，称她是个文静、稳重、刻苦又不服输的女学员。

齐路通，是河南新乡人，当年刘洋入院学习时，院长正是齐路通，他曾和刘洋一起训练。

那年，长春飞行学院在校学员有几千人，但包括刘洋在内的女飞行员仅 37 人。因此，时任院长齐路通也格外重视："我常和她们一块训练，有时去听她们的课，对

与歌星白雪合影

这些女学员都熟悉，她们也都认识我。"虽然他知道刘洋是小老乡，而刘洋应该不知情。

在长春飞行学院，除学习大学课程外，刘洋等学员还得进行旋梯、滚轮、吊环、引体向上等军体训练，以及拉练、游泳、跳伞等特殊的训练。这种高强度的训练，少则三天，多则六天，每天至少训练4个小时。

给齐路通少将印象最深的一件事是，一次在长春长跑拉练，强度非常大，刘洋的脚上磨满了水泡，大家劝她停下来歇歇，可她一步也不愿停下来，坚持跑完了全程。

齐路通透露，在刘洋那批37名女学员中，"真正飞行起来的有22人，她们的成功率比较高"。

刘洋从学院毕业后，领导、教官和同学们对她的关心从未中断。

龚恩洪当时是女飞行员的军事教员，他在接受新华社记者采访时说："这些女孩子们刚来的时候都很瘦，毕业的时候已很结实，阴柔之美被军人之美替代了，实现了美的转换。"他对刘洋的印象是"能吃苦""闷头练"。

毕竟，飞行员要求的是综

宿舍门前

新兵拉练途中

合素质，不仅要有较好的身体素质，还要有较高的文化素质。现在，刘洋的母校还保留着一份珍贵的成绩单，那是 7 名女飞行员的文化课成绩，总共 16 门文化课考试，刘洋平均 90.5 分，名列前茅。

第三章

成功处理信鸽事件

"生活就像爬大山，生活就像趟大河，一步一个深深的脚窝，一个脚窝一首歌！"正如这首歌唱的那样，四年的飞行学习之后，刘洋于2001年6月被分到了素有"女飞行员成长摇篮"之称的广空航空兵某运输师,成为一名运输机女飞行员。生活揭开新的一页,她也由此进入新的"爬大山"、"趟大河"阶段。刻苦钻研飞行技术,珍惜每次飞行机会,是她的不二选择。

"每一次飞行升空,每一次返航着陆,都是一次挑战,都是一次涅槃。"刘洋曾这样来描述她的飞行生活。

后来,被媒体和网友广为传播的是那次刘洋成功处理信鸽事件。2002年12月18日的《解放军报》,曾以《蓝天方阵一雏鹰》为题,报道了事情的经过:

2002年9月10日,是一个让刘洋刻骨铭心的日子。那天天气多云,能见度只有2公里,按说气象条件比较复杂,刘洋驾驶着银鹰在进行仪表飞行,起飞离地10米左右,刘洋刚发出口令"收起落架!"便听到"嘣"的一声巨响,一股鲜血直喷到风挡玻璃上。

瞬间,座舱内便充满了焦糊味。刘洋凭直觉判断:飞机撞鸟了。

在危急情况下，刘洋没有一丝慌乱，她和机组成员密切协同，在能见度不好的情况下，采取超常规紧急着陆办法。

11分钟后，终于使飞机在跑道上成功迫降。下飞机一检查，飞机一共撞上了18只信鸽，有两只被吸进了进气道。如果当时处理不当，后果不堪设想。

就这么一个惊险的事件，刘洋也没告诉郑州的爸妈，他们一直被蒙在鼓里。直到前年，刘洋和丈夫探亲时，张华带了份那期的《解放军报》，妈妈一看，惊出一身冷汗，责怪刘洋："恁大的事，咋不早说啊？"

"你看，到现在不是也没事吗？你想想，这我能告诉你吗？让你们担心我呀？"刘洋对妈妈说。后来，她还批评丈夫"不该给妈妈泄密"。

刘洋与飞行教官在一起

　　刘洋妈妈还讲了 2002 年的一件事：一次，刘洋驾驶安—26 运输机飞行 3 个多小时，平稳降落在山东某机场。前来接机的济南空军的一位师级领导，看到扎着马尾辫、文静秀气的刘洋走下飞机时，有些惊诧，问机长："今天的飞机是她飞过来的？"那时刘洋才 24 岁。当时《解放军报》记者张金玉也在场，就将这个场景写进新闻里。后来才得知，他也是河南人。

一次有惊无险的经历

　　"我们就是劈天的利斧，在每一个阴云密布的日子，昂扬地出征，勇敢地劈开乌云的樊篱，将禁锢的雨水痛快淋漓地洒向干涸的大地。一次次起飞，一次次凯旋，早已忘记了冰刀霜剑的危险，早已忘记了连续作战的疲惫。……"

2009 年 3 月 7 日，刘洋写的这篇散文《飞翔的生命如此豪迈》发表在《空军报》上。

这是她内心情感的真实流露。在空军部队飞行 9 年，刘洋先后驾驶过五种机型，安全飞行 1680 小时，多次执行过军事演习和抢险救灾任务，其中执行人工增雨任务相对频繁。她的妈妈说，刘洋也曾驾机回到河南郑州进行人工增雨，不过当时没给家人说。大约一个月后，在拉家常时，她才对妈妈讲："前段时间我回老家了，不过没法去看望你们。"

2007 年，刘洋曾奉命前往甘肃，执行人工增雨任务，这又是一

次有惊无险的经历，多亏了刘洋和战友们的沉着应对，否则，后果
又是不堪设想。

那次执行任务时，云层越来越暗，雨点越下越大，机窗上的雨
帘完全阻隔了对外的视线，雨滴打在机身上的声音完全淹没了发动
机的轰鸣。刘洋和机组人员都绷紧神经，丝毫不敢懈怠。

不巧的是，在任务完成大半时，刘洋突然接到"立即返航"的
地面指挥命令。此时，距规定时间不到半小时了，而刘洋却在距离
机场的最远点。

小心、谨慎，加足马力返航，刘洋和机组人员以过硬的技术和
胆识，在厚厚云层完全遮盖的机场降落成功。未等刘洋出舱，昏天
暗地，狂风猛起，机场即刻关闭。

"好险！差一点回不来了。"刘洋在自述中回忆当时的心境。这又是一次严峻的考验。

2008年汶川地震时，刘洋和战友们正在贵州驾机执行冰冻雨雪灾害救援任务，因此错过了抗震抢险救灾的机会。不过，她也尽了自己一份力量，捐献了1000元的特殊党费，支援四川救灾。

坚持不了时再坚持一下

而2009年的那次西安抗旱增雨经历，则让刘洋至今仍心有余悸。

据刘洋讲述，那天从武汉起飞时，就已经开始下小雨了，上级下达的命令是："如果有可能的话第一时间赶过去，实在不行你们就返航。"可在空中刚飞起来有50米，就见云了，"飞机往前飞，那个雨就哗哗打在风挡玻璃上，过了没多久，飞机就开始结冰了"。

而结冰，对于飞行的飞机危害极大，不仅会影响飞机的速度，而且如果操作不当，还会有坠机的危险。

刘洋说，飞机速度就开始往下掉，她就把着驾驶杆不停地修正各种气流。大家就在飞机上商量：怎么办？是返航还是继续往前飞？返航，大家都在西安那边等着，就盼着你过去降雨呢；不返航，但前面一点希望都看不到，那个云层一直都那么厚，哪怕一丁点阳光都看不到。怎么办？

最后，大家商量了半天说，硬着头皮再往前飞。飞呀飞呀，刘洋突然就感觉云层变亮了，"空中好像有一丝一缕的阳光洒下来，那个时候心情豁然开朗，就觉得这个考验过去了，前面太阳应该出来了，我觉得好像第一次见到太阳，心情是那么喜悦，云缝真的就慢慢开了"。

就是在那次飞行后，刘洋的人生态度也悄悄发生了改变：那就是坚持，"坚持不下来的时候，我总是对自己说坚持、再坚持一下，也许就在你坚持不了时候，你再坚持一下，成功就在前面了"。

她还认为，只要坚持了就没有遗憾，只要自己尽到最大的努力没有遗憾就可以了。

一次次挑战，也是一次次蝶变，"经历过风雨，才能见彩虹"，此时的刘洋已成长为果断干练、坚强独立的女飞行员。

9 年仅三次探家看爸妈

从 2001 年 6 月到 2010 年 5 月，刘洋回郑州老家的次数仅仅三次。

刘洋爸爸说，刘洋每次回来都没超过 10 天，最长的一次是 10 天，最短的一次，待了一天半就又飞回部队了，三次探家的时间加在一起，也没有一个完整探亲假的时间长。就这一个宝贝女儿，他们非常渴望女儿能多在身边陪陪他们，享受一下天伦之乐。不过，他们理解、支持女儿，部队的事才是大事。

有时逢年过节，刘洋还主动提出自己值班，让离家远的战友回家。思女心切的爸妈，就会在春节赶往武汉，陪女儿过年。

大约是四年前的事了，刘洋爸爸、妈妈出去散步，在大街上，爸爸隐隐约约听到有人喊"爸爸"，非常像刘洋的声音。

"咱妞回来了！"爸爸非常惊喜，转身对老伴说。而他们回头

四处搜寻时，哪里有刘洋的身影？

"别瞎想做梦了，姑娘这个时候哪有时间回来呢？"

这时，爸爸才明白过来，意识到自己是幻听了。

虽然不在父母身边，但刘洋的关心和问候却时时环绕着爸妈。每个周六、周日，她和丈夫都雷打不动地给双方父母打问候电话或发短信：身体怎么样，天冷了别忘了穿厚点，等等。

"一旦打电话找不到我，她就会一直打亲戚的电话，直到我接了电话，姑娘才算放心。"妈妈说，她平常最喜欢两首歌，一是《常回家看看》，一是《儿行千里母担忧》，可常常又想听又不敢听，"想听是盼望姑娘常回家看看，不敢听是怕勾起我的心思"。

第四章

预备航天员选拔"非她莫属"

天天在空中飞来飞去，刘洋觉得在飞行中找到了人生的价值，还有生活的幸福，她深深地热爱着飞行事业，并以自己是离天空最近的人而欣慰。

不过，机会又来了。2009年夏，国家启动第二批预备航天员的选拔工作，中国载人航天工程开始在全国的飞行员中选拔航天员。与以往不同的是，这次不仅选拔男性宇航员，还将选拔15名女性

宇航员。

此时已是飞行大队副大队长的刘洋，当然不愿错过这次千载难逢的机会，毫不犹豫地报了名。

2009 年 7 月 27 日，她去找时任广空某飞行大队教导员的吴达发，做个人报名材料鉴定。吴达发只说了八个字："不用担心，非你莫属。"

这虽是领导的信任和鼓励，但刘洋还是觉得把握不大："我也没想过我们国家会正好在那一年招收航天员，即便是招收航天员，全国这么多人热爱航天事业，愿意投身到航天事业，我又怎么可能这么幸运，一下子就被选中了？"

中国航天员选拔前后有四轮考测筛选：首先是档案选拔，围绕身体素质、身高体重等指标，从 1500 名候选飞行员中选出 800 多人。

其次是临床选拔，"从健康中选拔更健康的"，选出60名飞行员。第三轮属于航天特殊环境因素下的生理功能选拔，主要包括低压、缺氧条件下的生理功能检查、空间运动病的特殊考查等，从中选拔出20名预备航天员。最后一轮才是家族病史调查。对身体因素的要求近乎苛刻，仅身体生理、心理素质和基础条件方面的检查，就有一百多项，还明确要求，三代以内不得患有严重病症，甚至咽炎、鼻炎、药物过敏、龋齿、灰指甲等"小瑕疵"都可能会成为制约因素。还有最重要的一项，要看是否有空中飞行化险为夷的经历，是否有成功处置空中特情的记录。

其实，吴达发之所以对刘洋那么有信心，是有充分依据的，因为刘洋这些条件都具备：体力、体质特别好，动手操控能力强，心态平和，处乱不惊。她还拥有一个幸福美满的家庭，夫妻恩爱，与双方父母的关系融洽。

主席的两次接见

没有金刚钻，别揽瓷器活儿。而竞争是残酷的，得用实力去说话。

当时，候选的飞行员多达1500人，经过四轮严格筛选、淘汰，20名优秀者入围预备航天员，当然包括刘洋。与此同时，来自另一个飞行大队的烟台姑娘王亚平，也顺利入选。

第二年，国家正式挑选首批女航天员，刘洋成为15名候选人之一。那一年，刘洋和战友们受到了中共中央总书记、国家主席、中央军委主席胡锦涛的亲切接见。这是刘洋第二次受到胡锦涛主席

飞行员生活（驾驶战鹰）

的接见，她仍激动不已，暗暗发誓，要努力成为飞行太空的女航天员。

第一次被接见是在2005年8月23日，中共中央总书记、国家主席、中央军委主席胡锦涛，来到驻武汉空军某师视察，并到该师三大队看望部分女飞行员，视察了师史馆。刘洋当时就在飞行三大队。

在飞行三大队，胡锦涛参观了女飞行员们的学习室、宿舍和俱乐部，与女飞行员进行了亲切交谈，询问她们的家庭、生活、工作、身体和飞行等情况。胡锦涛勉励年轻的女飞行员，要刻苦学习，不断掌握技能，为祖国和军队创造新的业绩。

在《解放军报》刊发的大幅照片中，刘洋站在女飞行员队伍中的左侧第三个位置，她站着军姿，微笑着鼓掌欢迎。

所有项目一次过关

那一次挑选，刘洋与王亚平成为国家首批女航天员。这太不容易了，经过四轮选拔后，她们都是没有任何瑕疵的"完人"。

据媒体报道，能成为首批入选的女航天员，条件相当苛刻。首先必须是已婚女性，因为考虑到已婚女飞行员心理素质相对稳定，而且候选人的飞行时间要超过 600 小时。

其次是选拔要闯三关，包括航天员的思想、心理、身体、训练等几大项目。每一关、每一个训练动作都要打分，都要录像，一项不合格即被淘汰。

再次，女航天员训练要经过三年时间。航天员的训练周期一般是 3 到 4 年，能不能飞天，"还要看她们的训练成绩以及各方面素质，要综合评价"。

载人航天工程航天员系统副总设计师黄伟芬

刘
洋

后来在接受新华社采访时说，刘洋所有项目都是一次通过，心理测试成绩也排名第一，综合素质好，没有明显短板。另外，出色的口语表达能力，也让人印象深刻，有灵气，善于沟通。

刘洋后来被确定为中国首位女航天员时，曾有不少网友发帖关心："刘洋是不是已经生过孩子？"因为当时有媒体报道称，女航天员必须生育过。

事情原来是这么回事：在选拔女航天员时，按照杨

6月9日，即将出征的刘洋和妈妈在一起（牛振西　摄）

利伟的建议，确实有"必须已婚"、"生育过的优先"的条条框框，但这个条框很快被解除，因为最后一轮选出的6名女航天员候选人中，包括刘洋在内有5人均未生育。

首批女航天员妈妈闹笑话

说起女儿入选首批女航天员，刘洋妈妈还闹了个小笑话，她还为当时的孤陋寡闻而自嘲。

那是 2010 年春的一天上午，在郑州市天伦路琥珀名城小区的刘洋家里，突然来了几位军人，自称是刘洋单位派来家访调查的。

刘洋妈妈一听是女儿部队来的客人，非常热情，让座倒水，对方问啥问题，她都热情回答。等刘洋爸爸闻讯从外面赶回家时，"问答"还在进行。"我平时就不爱多说话，都是她妈在配合介绍情况"。

晚上，妈妈给刘洋打电话："你们部队派人来家里了。"电话那边问是哪方面的领导。

"我看他们军装的臂章，是装甲兵部队的。"妈妈"如实"回答。

刘洋一听"扑哧"笑了："装甲兵？装甲兵去咱家干啥？那是总装备部的领导！"

妈妈也乐了，赶紧解释，说自己只记住了"总装"两字，以为"总装"就是"装甲兵"，一个系统的呢。

第五章

不当表演员

2010 年 5 月 3 日，刘洋正式到北京航天城内的中国航天员训练中心报到，王亚平和 5 位新入选的男航天员也同时加盟这个新的航天员团队，他们 7 个人也从此正式成为我国第二批航天员。随后，刘洋丈夫张华也被调到航天城工作。

从那天起，直到神舟九号飞船飞天前，刘洋再也没出过航天城的大门，没逛过一次街，没看过一次电影，她的生活词典里除了吃饭休息，就是学习和训练。

因为在这里迎接刘洋的不是掌声，而是更加严厉的训练，还有更多更新的知识需要掌握。要求很明确：他们要在两年里完成首批航天员14年的课程。而航天员的训练，包括体质训练、航天环境适应性训练、航天专业技术训练等8大类，每一类训练又由若干不同的训练项目和科目组成。

"要当战斗员，不当表演员。"刘洋把毛泽东主席接见首批女飞行员时勉励大家的话当成了自己的座右铭。

据《北京青年周刊》报道，进入航天员训练中心，首先要接受12个月的基础训练，学习航天医学基础、交会对接技术基础、力学、

刘洋在参加广州军区某次党代会后和与会代表在一起

数学等 20 门基础课程，并参加国学讲座、救生生存训练和体质训练。一年后，刚开始某些项目只达到三级、二级标准的刘洋，平衡素质、力量素质、速度、耐力、肌力等全部体质指标均达到一级水平。

从 2011 年 6 月起，刘洋转入航天专业技术和任务训练阶段，针对交会对接技术、目标飞行器与组合体飞行管理、空间科学实验及飞行程序进行训练。仅仅是关于飞船操作的 8 本任务手册就有六七厘米厚，她和同伴们一样，要把其中每一个细节理解透彻。

克服第一个 15 分钟

航天员训练的艰苦和辛苦程度，外人无从体验，甚至连训练内容也无从知晓。直到神九飞天，才有媒体报道这些训练细节。

之前，刘洋接受央视《面对面》栏目专访时，和名主持张泉灵谈起她的航天员训练生活。

刘洋说，当航天员与之前当飞行员不一样，"像当初我们也会有转椅检查，但是我们的转椅只是坐4分钟就可以了，而且不用头动，但是在当航天员之后转椅要连续坐够15分钟，而且需要叠加头动的刺激，这对于哪怕前庭功能很好的人，你状态不好的时候也是一项很难过的关"。

对于自己的"第一个15分钟"，刘洋还清晰地记得："转椅有一个循序渐进的过程，5分钟好像是我的一个极限点，当报4分钟过去之后，突然间浑身就开始冒汗，心里就像晕车那样有说不出

刘洋参加部队文艺汇演

来的恶心感觉。"

但在这个时候又不能吐，吐了第一次，就会有条件反射，身体有了记忆，就很难克服。刘洋就"就拼命转移自己的注意力，然后幻想自己在美丽的海边，幻想一切美好的东西，然后把自己注意力转移出去"。

有了第一个5分钟，接下来就是8分钟，一天的情况比一天要好，刘洋后来15分钟坐下来就比较轻松了。

你该相信你的姑娘

刘洋训练的刻苦和勤奋程度，比高三冲刺复习时还要高，或许，

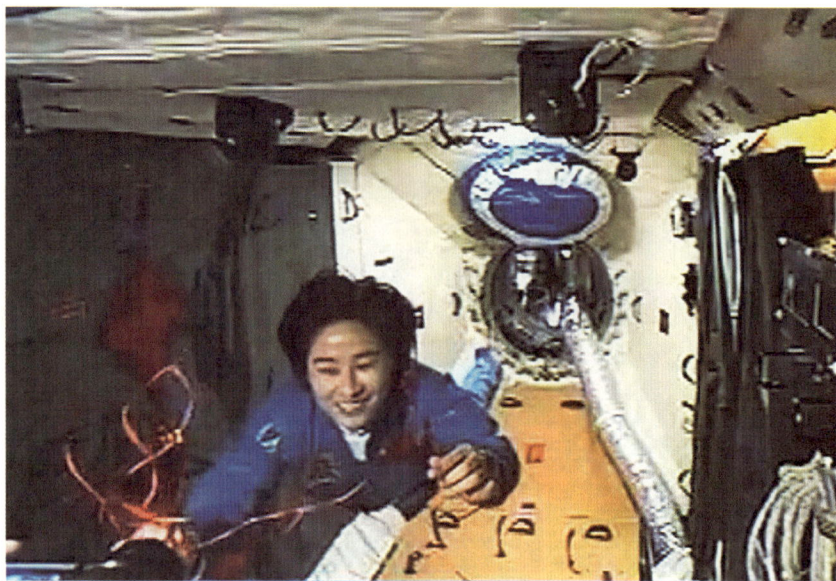

26日，刘洋在"天宫"展示自己编的中国结

机舱里的刘洋

她太喜欢崭新的航天事业了，也就顺理成章地耐得了那份少有的寂寞和单调。

"从入住航天城到现在，妞没回过一次家，我们只好去北京看她和女婿。"刘洋爸爸回忆说，在女儿飞天前，他和老伴去北京航天城看望过女儿两次，一次是在2010年国庆节期间，一次是2011年春节。"俩孩子人生地不熟的，在北京又没亲人，怪可怜的。虽然过节，门都不让出，我们去陪陪他们吧。"

他们哪里会想到，女儿竟然这么忙，"就吃饭时在一块说说话，妞一吃完饭就去看书学习了"。有时，他和老伴也心疼女儿，想拉她出去在航天城内转转，刘洋总是说："爸爸、妈妈，我还要学习哩！"

"好，好！我只要在家看见你就行！"爸爸连连摆手说。

一次，爸爸问刘洋，你都三十多了，还这样下劲学习，苦不苦、累不累啊？身体能吃得消不能？

"你该相信你的姑娘！"刘洋用这句话来回答。

演讲愿"为使命而战"

不过，航天员学习训练不全是单调乏味，也经常有各种娱乐活

动，刘洋则是这些娱乐活动的主持人，她常把现场气氛调节得非常活跃，逗得大家都很开心。

刘洋的教练员黄伟芬则透露，到酒泉卫星发射中心参观烈士陵园，刘洋还把看到胡杨、戈壁之后的感言朗诵给大家听。

刘洋还是个才女，2011年中国航天员训练中心举行演讲比赛，刘洋代表航天员大队参赛，演讲的题目是《感悟于心　倾力于行》，这篇演讲稿真实讲述了女航天员刘洋的心路历程和理想抱负。因演讲出色，她荣获一等奖。

今年，中国航天员训练中心通过媒体公布了这篇演讲稿的内容，原文如下：

感悟于心　倾力于行

我曾是一名飞行员，那片天空承载了我全部的梦想，我曾以为那将是我一生的舞台。2009年6月，第二批航天员选拔正式开始。面对祖国的呼唤，我毅然放弃熟悉的工作环境，主动申请，积极报名，义无反顾地投身于全新的航天事业。

一次次的体验，一次次的考验，一次次的选拔，最终我幸运地穿上了这身军装，佩戴上了金色的航天员徽标，成了一名年轻的航天人。天更高远了，舞台更广阔了，曾经的梦想就要实现了。初生牛犊的我豪情满怀，恨不能立即上九天摘星揽月，飞天远航。前辈告诫我们"险关难隘犹在，征途尚且遥远"，可当时的我是多么的

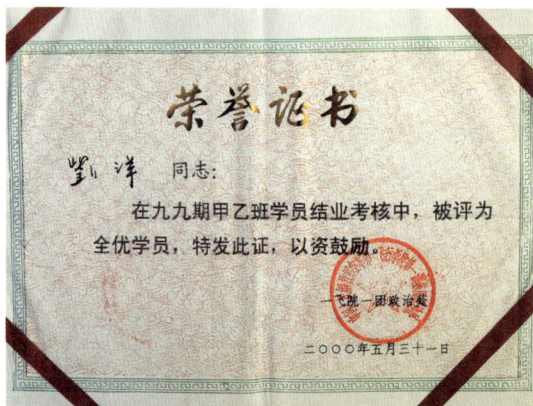

荣誉证书

刘 洋 同志：

在九九期甲乙班学员结业考核中，被评为全优学员，特发此证，以资鼓励。

一飞院一团政治处

二〇〇〇年五月三十一日

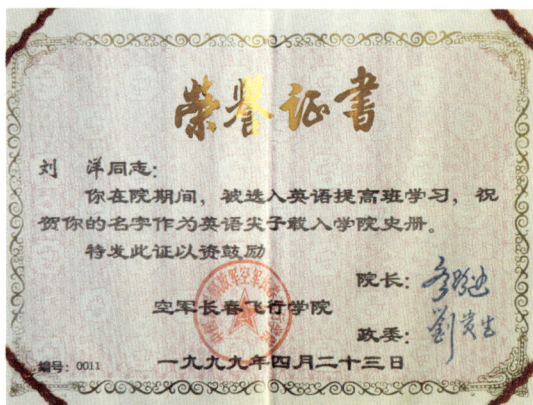

荣誉证书

刘 洋同志：

你在院期间，被选入英语提高班学习，祝贺你的名字作为英语尖子载入学院史册。

特发此证以资鼓励

院长 李晓迪

政委 刘爱生

空军长春飞行学院

一九九九年四月二十三日

编号：0011

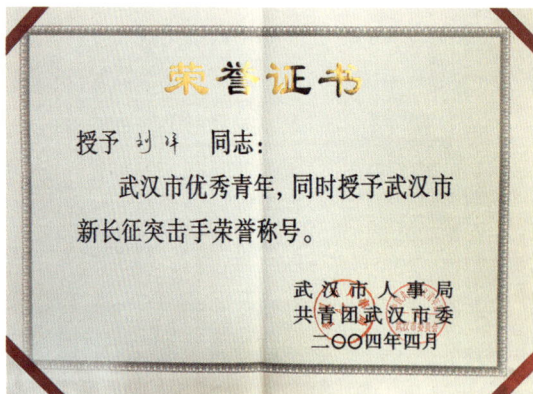

荣誉证书

授予 刘洋 同志：

武汉市优秀青年，同时授予武汉市新长征突击手荣誉称号。

武汉市人事局
共青团武汉市委

二〇〇四年四月

不以为然。搏击蓝天十一年，我几乎飞遍了祖国的大江南北，消云增雨，演习合练，抢险救灾，经历过惊涛骇浪，经历过风雨洗礼；多少次面对险情的考验，多少次行走在生死的边缘！还能有什么险关，还能有什么难隘！

当激情与兴奋一点点退去，当触摸到航天员最真实的状态，紧张的生活，苛刻的管理，枯燥的学习，艰苦的训练，所有的这些都极大地超乎了我的想象，光环背后的种种挑战让我看到了前所未有的考验。不是没有过犹豫，不是没有过彷徨。但这几个月来点点滴滴的所见所闻，让我感慨于怀、感悟于心，让我重新认识了使命的光荣、责任的重大，让我更加意志坚定勇往直前。

我曾是运输机飞行员，从来没有过离心机的训练和考验。当我第一次面对这庞大的陌生物时不免有了些许的担心和不安。吴萍教练的一句话让我记忆犹新："放心吧，这些我们都做过了，完全没有问题之后才会给你们训练的！"

从离心机到转椅，从逃逸塔到野外生存，从体验入舱到采集数据，所有的种种都是科研人员先期模拟、试训，把意外和危险挡在自己的身后，把安全留给了我们。这些又怎能不让我为之感动呢！

为了飞天，多少航天人扎根戈壁荒漠，胸怀凌云壮志，从风华正茂到两鬓斑白；为了飞天，14名航天员十年磨一剑，经受着常人难以想象的考验，摸索着，前行着；为了飞天，老专家悄悄拔下吊瓶奔赴千里之外的实验基地，年轻人一次又一次推迟婚期；为了飞天，东风烈士陵园600多名烈士长眠于此。这些怎能不让我为之动容！

我是天梯的攀登者，我深深知道这登天的路有多长多难。我们站在巨人的肩头，身后无数双手推扶着我们走上那一阶阶天梯，天梯漫漫直插九霄，每一阶都凝结了无数航天人的付出、努力、心血和汗水，甚至是宝贵的生命。他们和我们一起飞翔，却永远站在荣誉的背后，默默地当着无名英雄，无怨无悔。

感悟于心，倾力于行，为使命而战，为荣誉而战，为祖国而战！有了这份坚贞的感情、顽强的斗志、无悔的忠诚，有了这无与伦比的精神力量，我们一定会不辱使命、不负重托，在中华民族飞天的征程上创造新的辉煌！

第六章

幸运入选"神九"乘组

经过两年多的训练，刘洋以优异成绩通过航天员专业技术综合考核。在神舟九号飞行任务乘组选拔中，她与女航天员王亚平都通过了初选，算是初步"修成正果"。

但是根据"神九"任务的安排，两人中只有一人能执行任务，谁是最后的飞天神女？这给中国航天员中心也出了个难题，选择过程那是相当的艰难。

航天员中心主任陈善广也是左右为难："她们都非常优秀，训练成绩非常接近，在飞行部队时就是朝夕相处的战友，感情也

很深。"

2012 年 3 月 28 日，根据最终考核结果，刘洋入选"神九"乘组，代号 03，主要负责空间医学实验的管理，内容涉及航天医学、工效学研究等诸多方面，共计数十项。但这一消息，非常保密，直到 6 月 15 日官方正式公布，人们才知道刘洋成为中国首位女航天员。

这期间的两个月，是更为紧张的学习与训练，刘洋恨不得把一分钟当两分钟来用。"我把训练时间延长、延长、再延长，休息时间压缩、压缩、再压缩。"

"我没有感到累，而是很幸福——被人信任的幸福，被国家需要的幸福。"飞天前的刘洋如是说。

幸福婚恋

刘
飞天嫦娥
洋

第一章

"才子佳人"组合

2001 年 6 月，22 岁的刘洋从中国人民解放军长春飞行学院顺利毕业，大学生活的新鲜刺激、刻苦训练，伴着青春岁月的辛勤汗水，一同成为永远的记忆。

毕业后，刘洋被分到广空航空兵某运输师，成为应急机动作战部队的一名飞行员，驻地在武汉。从小就综合素质多方面发展、秀外慧中的刘洋，在部队看似单调的生活中，找到很多乐趣：她喜欢看书，历史、散文、小说……每在一个地方，时间一久，屋里就会有各种各样的书籍；她喜欢厨艺，紧张的生活，偶尔下厨也别有趣味。

部队中的刘洋，生活过得有滋有味。每天紧张而又有很多挑战的工作，排满了刘洋的日程，从小就受到家庭的严格要求，不允许早恋，现在长大工作了，忙忙碌碌，看似恋爱遥遥无期。

此时，一场爱的机缘巧合却来得悄无声息。

2001 年，刚参加工作不久，刘洋在外地驻训，让她惊喜的是，驻训地有个小广播站，初中三年，刘洋一直是校广播的播音员，这次能"重操旧业"，让她激动不已。

当时同在武汉空军某部服役的张华，是组工干部，也在驻训地，负责训练"跟班"。有了广播站后，张华又多了项任务——采写、编辑稿件，采写的都是训练场上的好人好事。在工作中，他和女"主播"刘洋一来二去，就认识了，并渐渐成为无话不说的朋友。

张华出生于一个带有鲜明"空军特色"的大家庭，父亲张怀堂是个"老空军"，他的哥哥也在空军服役。而张华祖籍是河南驻马店，早年随家人来到湖北，父母现居宜昌，他的妈妈也是河南人，老家在三门峡。而河南老乡这个特殊缘分，则让他们的感情更深了一层，毕竟比别人增加了说不完的河南话题。

一个是写材料的好手，一个是播音的好口，时间长了，他们自然而然也成为同事眼中广播站的"完美搭档"、"才子佳人"组合。

后来，女飞行员刘璐曾打趣说："张华就是钻了这个'空子'，否则刘洋很可能也嫁给飞行员了。"

这话是有"依据"的：在同批进入该部队的 16 名女飞行员当中，14 人的丈夫也是飞行员，成为"双空勤"家庭。只有刘洋和另一名女飞行员的丈夫，不是飞行员。这自然是后话。

爱情，"猝不及防"

刘洋从小就受到父母的严格教育，除经常要有的"定位"之外，早恋更是不允许的，父母的关怀教育和朋友姿态，让刘洋看待问题更加成熟和自信。

"男大当婚，女大当嫁"。工作后，刘洋爸妈在婚姻问题上也曾给她一些建议。

爸爸回忆说，当时，对于未来的女婿，爸爸给女儿提了三个建议：

一是人品要好，咱不找势力、投机钻营的小人；二是孝顺父母，只有孝顺自己的父母，才能对你的父母孝顺；三是要待你好，这一点是最重要的，毕竟爸妈不能和你过一辈子，他要和你生活一辈子，必须得对你好。

当时的刘洋听了连连点头，至于她自己心目中的择偶标准，她未向人透露，或许早已心中有数。

爱情，有时就是这样来得"猝不及防"，张华的出现，让刘洋一下子觉得找到了心目中的"MR.RIGHT"。而张华，也已是大龄青年，比刘洋大6岁，与刘洋结识深交，让他也有了归宿感。

2001年广播站相识，无疑是命运的转折。高挑、白皙、留着秀气的短发，是刘洋留给张华的第一印象，而张华则高大、稳重低调，让刘洋也眼前一亮。

渐渐地，接触得多了，张华有才华、为人低调，刘洋稳重内秀、大方又不失活泼，两人彼此都在对方眼中留下好印象。喜欢看书、厨艺、唱歌，这些共同爱好又把他们的距离越来越近。

据《南方周末》报道，直到2003年，刘洋才和张华正式确立并公布恋爱关系。因为按照一线部队的规定，新飞行员在尚未形成战斗力之前不允许谈恋爱。2003年，刘洋等一批新飞行员具备了战斗力，才光明正大地谈起恋爱。

不过，因为工作的分工不同，刘洋继续做飞行员，在空中飞来飞去，张华则从事地勤保障工作，一个在天上、一个地上，部队里的爱情聚少离多，早已司空见惯，特别是有特殊紧急任务时，一声不吭，瞬间消失得无影无踪也是常事，所以两人非常珍惜团聚的时刻，漫步在黄昏，吹吹晚风，抬头看着远处熟悉的在天际消失的飞机尾线，一切幸福都溢于言表。

第二章

武汉之旅，"我相信我女儿的眼光"

对于张华的出现，刘洋远在郑州的父母却并不知情，她只是含含糊糊地提过部队有个男战友，人不错，其他的并未多言。

刘洋在武汉的工作日渐稳定后，爸爸和妈妈思女心切，想去看看工作环境到底什么样子，刘洋也多次邀请爸妈来武汉小住，于是在 2002 年 1 月，老两口去外地出差返回时，绕道武汉，去看望女儿。

五六个小时的颠簸，到达武汉时，两人略感意外，来迎接的不是刘洋一个人，旁边还站有一位高大憨厚且很有礼貌的年轻人。经刘洋介绍，才知道这是刘洋的同事——张华。

回想初见张华，刘洋爸爸至今仍记忆犹新："他特别有礼貌，一说话就特招人喜欢，刚下火车就忙着提行李，引路，问寒问暖，让人心里特舒服。"

惊喜还在后面，在当天的晚宴上，刘洋所在单位的一位副团长宴请远道而来的刘洋父母，张华被特意安排"作陪"。

饭桌上，那位副团长指着张华，笑着对刘洋爸爸说："老哥，你看你未来的女婿怎么样？"此话一出，让当时的爸爸、妈妈顿感意外和惊喜，但妈妈没有表态。

爸爸开口了，但并未直接表态，说了句模棱两可的话："现在婚姻自主，我和她妈妈不会过多干涉，但我相信我女儿的眼光。"

不过，那晚饭桌上气氛很好，大家其乐融融。饭后，张华把刘洋父母送至单位对面的宾馆。如此无微不至的关怀，着实让刘洋爸妈内心欢喜。

对于爸爸含糊的回答，刘洋并不满意。第二天，刘洋直奔父母住处，不停地询问："你们昨天不做明确回答，就是同意了，是不是？"

父母一直含笑不语。刘洋问得急了，爸爸出口还是那句话："我相信我女儿的眼光。"

此后几天，刘洋和张华陪同父母，在武汉周边的旅游景点游玩，张华当起摄影师和导游，给刘洋一家照了很多合影。从照片上可以看出，父母还是很满意这个准女婿的。

在刘家保留的那张四个人的合影中，张华的帅气稳重，刘洋的飒爽英姿，爸妈发自内心的灿烂笑容，不想说是一家人都难。

在武汉小住几日，刘洋爸妈就赶回了郑州。此次武汉之旅很美好，让他们有些恋恋不舍。送老两口去车站的，自然还是刘洋和张华，张华给老人买了很多武汉的特产和衣服，提着大包小包，又嘱咐他们在家照顾好身体，有事打电话等等。

老两口欣慰不已：女儿找到值得托付的人了。

婚姻，温馨而幸福

经过两年的爱情小跑，刘洋和张华终于修成正果。2003 年 9 月

30 日，刘洋和张华手挽着手，去婚姻登记处领"红本本"，同去的还有 5 对女飞行员准夫妇。

当时，这些女飞行员择偶的首要标准，是志同道合，是飞行事业的知音。

2004 年 5 月，26 岁的刘洋和张华在武汉举行了简单而又喜庆的结婚典礼，随后又低调地在郑州和宜昌请了几桌客人。婚纱照上的刘洋一袭白裙，和丈夫相拥在一起，幸福而甜蜜。

新婚不久，张华就被调往场站之外任运输股股长，刘洋则在场站内办公，任飞行大队副大队长，夫妻相隔只有区区 7 公里。据《南方周末》报道，他们严格遵守部队纪律，刘洋不会抽空就往老公那里跑，张华也绝不会随便派辆车接妻子来团聚。

岁月荏苒，时光就这样在平淡的生活中慢慢流淌。刘洋曾说："相夫教子是种幸福，但我在飞行中获得的幸福是别人体会不到的。"刘洋的职业注定她不能像一般的家庭一样，有固定的上下班时间、有固定的休息日，但这不妨碍家庭的幸福和睦。

刘洋的家，温馨而又充满情调，丈夫一手设计的室内装修风格，明朗柔和，很得刘洋的喜欢，不仅如此，同事们也喜欢去刘洋家，都说"有家的味道"。

婚后的生活和婚前没有太大区别，两人偶尔也会上牙碰下牙，更多的则是共同爱好的吸引。他们的书房书架上放的有唐诗宋词、古典名著、外国文学等，两人也会文绉绉地作诗打趣，为书中一个问题争得面红耳赤。刘洋是厨房高手，可乐鸡翅、石锅拌饭、寿司，深得丈夫的喜欢。

2009 年，刘洋为海选女航天员而忙碌着，经常往返于北京、武汉，这两年郑州父母那里都没有时间回去看看，经常是打打电话，了解家中的情况，给父母唠唠自己的近况。在北京的时候，刘洋还常给长辈们寄去穿的用的东西。2012 年 6 月份，刘洋还往宜昌寄了四五包换季衣服。

有如此孝顺和懂事的儿媳，婆婆王玉萍每次提到都赞不绝口，她眼中的刘洋，是个阳光儿媳，开朗，为人也直爽，跟亲生女儿一样亲。"客厅的健身机和足浴盆，全是刘洋买来的。"她还说，以前在武汉时，儿子和儿媳刘洋一年回来一次，每次都在家待上一周，刘洋经常陪她去散步；去北京后，回来得少了，但电话经常打回来，第一句话就是询问她和丈夫的身体情况，并叮嘱他们多保重身体。

第三章

"有婿如此，夫复何求"

刘洋和张华，琴瑟和谐，在亲友和同事中众所周知，而张华对刘洋的关怀和体贴，也让刘洋的父母甚感欣慰。

2005 年，刘洋和张华结婚的第二个年头，张华执行任务去安徽阜阳出差，恰逢刘洋休探亲假，准备回郑看望父母。得知刘洋第二天到达郑州，张华恰巧有点空闲，就给领导请假去接刘洋。

婚后刘洋与丈夫张华相敬如宾（朱九通　摄）

获得批准后，张华连夜赶回郑州的岳母家，当时，刘洋妈妈在小区内散步还未回，家中只有爸爸在玩电脑。听到敲门声，爸爸想是老伴回来了，打开门，看到的竟然是张华，惊喜之余，有些诧异："你怎么这个时候回来了？"

张华说，明天刘洋要回来，我担心她，想着明天去接她。爸爸听完，当场感动得差点落泪："有婿如此，夫复何求？"

第二天晚上，刘洋刚回到郑州，张华和岳父早已在外等候。看到妻子平安归来，张华翌日就又飞回阜阳了。

这件事让老两口真切感觉到了女婿张华对女儿的那份爱。

婚后，刘洋曾向爸爸抱怨，说自从结婚后，爸爸打电话少了。

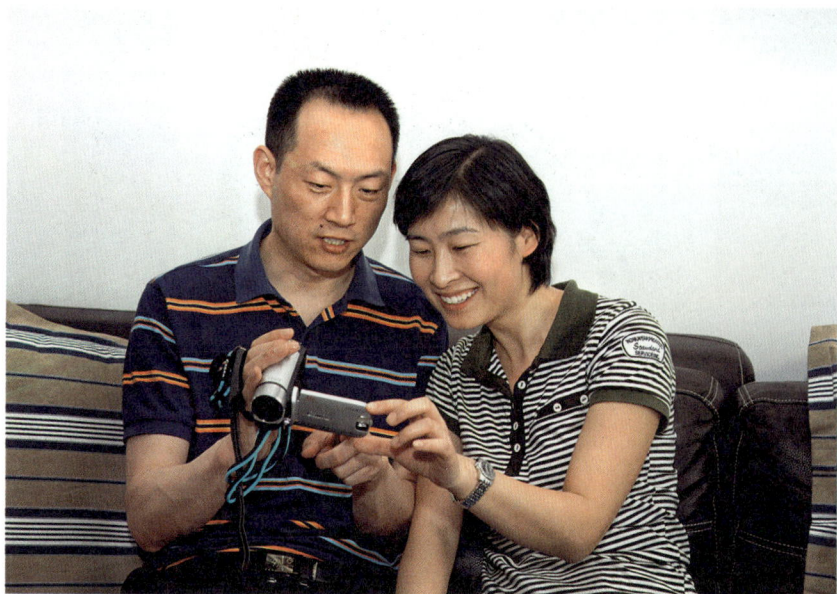

（朱九通 摄）

爸爸语重心长地解释说，不是我关心少了，是我放心了，以前总是担心你一人在外，现在你有家了，找到了值得托付的人，我们很放心，"以后我得多关心你妈了"。

体贴，体现在生活细节里

不仅爸爸对张华赞不绝口，牛妈妈提起女婿，也是一篮子的话说不完。有一件小事至今让她记忆犹新。

一次，刘洋和张华回郑探亲，部队里有严格的要求，保持手机24小时畅通，随时待命回部队，即便探亲期间也是如此。

回到家后，刘洋对手机特别敏感，她对妈妈说，如果有电话你先接，是找我的，再转给我。第一天相安无事，第二天中午，一家人在一起吃饭，欢乐之时手机响了，妈妈接到电话是找刘洋的。

刘洋接完电话，突然哭了，说是要立即回部队，毕竟刚回到家，她非常想在家多待一会儿，陪陪爸爸和妈妈。

军令不容怠慢，刘洋匆忙吃完饭，准备出发，张华也表示陪同刘洋一起回去，妈妈劝他："你还没有接到电话，要不先不回吧，在家住几天。"

张华说，刘洋心情有点低落，一个人回去，他有些担心，得陪她一起回去才放心。

妈妈听完，嘴上什么也没说，内心充满感动和心疼。

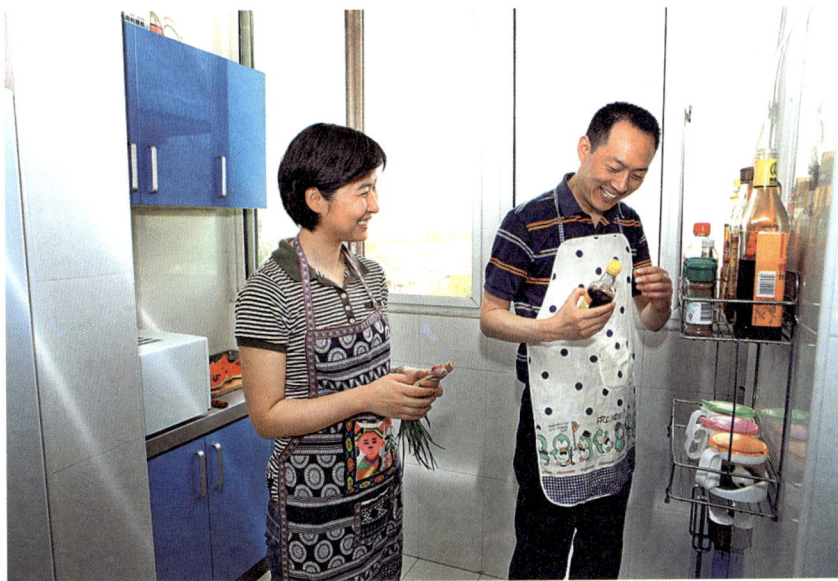

（朱九通　摄）

张华的体贴，不仅是对刘洋，对在郑州的岳父岳母和宜昌的父母，同样关心备至，只要有时间，他和刘洋就会看望双方父母，不会厚此薄彼。

　　妈妈说，以前家中洗衣服，都是手洗，有一年，女儿和女婿回来，她打趣说，家里窗帘脏了，比较高，你爸爸不扯下来，我到现在还没有洗。

　　张华二话没说，利用1米87的身高优势，站在小板凳上，把窗帘扯下来，还说："以后这种活儿，你们不要干，等我们回来的时候让我来做。"

　　当天下午，刘洋和张华逛街回来，一到家就笑着对妈妈说："我给您买了个洗衣服的大篮子。"说着，二人还用手比画着有这么大。妈妈纳闷了："洗衣服用大篮子干吗？"

　　不到一个小时，送货的师傅来了，抬进来一台全自动洗衣机，原来女儿、女婿所谓的大篮子，就是洗衣机。妈妈乐得合不拢嘴。

　　二人抽空把又长又脏的窗帘放进新买的洗衣机里，洗得干干净净。

家事，他独自一个人"扛"

　　婚后多年，由于工作原因，两人一直没要孩子，本想在2009年要孩子，碰巧海选女航天员，从天空飞翔跨度到遨游太空，这是一个高度和境界的跨越，这一机会来之不易，刘洋奋力参选，一路过关斩将，战绩辉煌，两人的生孩子计划又不得不延迟了。

　　刘洋曾写道："只要坚持到最后，推开窗，就会发现你的玫瑰正在盛开。作为女飞行员，祖国的蓝天，就是我心中神圣的玫瑰园。"在工作上，她永远都是一丝不苟的，丈夫对刘洋的工作也很支持，这一点让刘洋颇为感动。

　　2010年5月，刘洋被调到北京，不久，丈夫张华也被调往北京，两人同在北京航天城工作。刘洋接受着各种各样的训练和考核，比在湖北更忙了，但有丈夫在身边照顾，说说话、放松心情，给了刘洋莫大的安慰和鼓舞。

　　他们的家，在航天城家属院西区，是个葱绿掩映下的六层楼，航天员翟志刚、刘旺等人也住在那里。刘洋家住六楼，刘旺家在二楼，两家是上下楼邻居。

这里环境不错，对面是一个小停车场和一个体育设施齐全的小广场。东侧是个圆形广场，花草环绕。与别的家属楼楼道门敞开不同，这里的楼道门都是安全门，没有家人的同意，外人是无法进入的。

平时，刘洋都是在航天员公寓里，只有周末才回到这个属于他们的"小窝"。每次回到家，她看到家里都收拾得整洁而温馨，这都是张华的功劳，也是他默默奉献的结果。

刘洋妈妈说，每次去北京，都是女婿张华去车站接，刘洋根本没空。至于柴米油盐、照顾双方老人的事，都是张华在忙前忙后，他从来不让刘洋因为这些生活琐事分心，怕影响她正常的航天训练。

第四章

爱人的特殊牵挂

2012 年 6 月 16 日 18 时 37 分，随着一声"点火"的口令，火箭在震天的轰鸣声中腾空而起，承载着神舟九号飞船和刘洋等三名航天员飞向苍穹。举国为之欢腾，人们更为中国首位女航天员刘洋成功飞天而兴奋不已。

而此时，刘洋的丈夫张华正在北京航天飞行控制中心忙碌，他是那里的一名保障工作人员。看到妻子和景海鹏、刘旺一起飞向太空，他和同事们欢呼雀跃。

妻子在天上，他在地下，虽然相距遥远，但张华的牵挂是无时不在的，除了关心执行任务的情况，他还关心爱妻刘洋的这些事：能适应失重吗？吃好饭了吗？睡眠充足吗？

刘洋妈妈说，女儿飞天期间，儿子天天守在北京航天飞行控制中心，盯着太空的一举一动，每天都不低于 10 个小时，也够累的。他们很少主动打电话，因为儿子也很忙，心里也不平静。有啥情况，都是儿子先打来电话，或发短信。

她口中喊的"儿子"就是女婿张华，人们常说一个女婿半个儿，可在刘洋爸妈看来，女婿就是一个儿子。时间长了，提及张华，她张口闭口都是"我儿子"。

别有风趣的"天地情话"

体验太空"自行车"，开展空间科学实验，神女刘洋在天宫一号也不得闲，不过她仍会忙中偷闲，在 6 月 19 日晚，和丈夫来了场"天地情话"，还应丈夫要求，在太空表演了"翻跟头"。

那晚 8 时许，妈妈想知道刘洋的更多信息，就忍不住给张华发了个短信："有时间吗？"

15 分钟后，没回话，她又发了一次。

21 时 18 分，张华回过来了电话，异常激动："妈，我刚给刘洋通了电话，说了好几分钟呢。"

据刘洋妈妈讲，刘洋和张华是电话视频，张华还让刘洋在太空表演"翻跟头"，她开始没有翻成功，还是在她旺哥（刘旺）的帮助下，翻了两个跟头。刘洋还让丈夫给爸爸捎话："放心吧，爸爸妈妈，我一切都挺好的。"

北京航天飞行控制中心天地通信系统负责人贾文军介绍说，利用双向可视通话，使我国航天员们首次在遥远的外太空看见家人的亲切笑脸，这也是我国天地之间第一次真正的"面对面"。

刘洋和丈夫赶上了这个好机会，两人进行了一场别有风情的"天地情话"。

6月21日，是刘洋在太空的第一个夜班，细心的她发挥女性的优势，对天宫一号进行了一次大扫除，而后她又看相册，玩起了魔方。一个人的大夜班并不孤独。

当时，她或许不知道，那一夜，丈夫张华静静地守在机房屏幕前，目不转睛地看着她，陪她度过了难忘的一夜。

鲜花加拥抱迎接神女凯旋

6月29日上午9时，偌大的北京航天城内异常寂静，刘洋爸爸、妈妈、舅舅等人和她的丈夫张华，已来到与该中心一路之隔的航天礼堂，与航天员景海鹏、刘旺的亲属一起观看央视直播。

这是刘洋所在的航天员大队特意安排的，桌子上放满了水果、开心果、瓜子、矿泉水等食物。随着"神九"返回的步步临近，现场开始变得紧张起来。而张华静静地坐在亲人们中间，眼睛始终不离电视屏幕，一会儿鼓掌，一会儿又显得有些紧张。刘洋妈妈把双手放在胸前，目不转睛地盯着屏幕，并不时和丈夫小声议论。刘洋

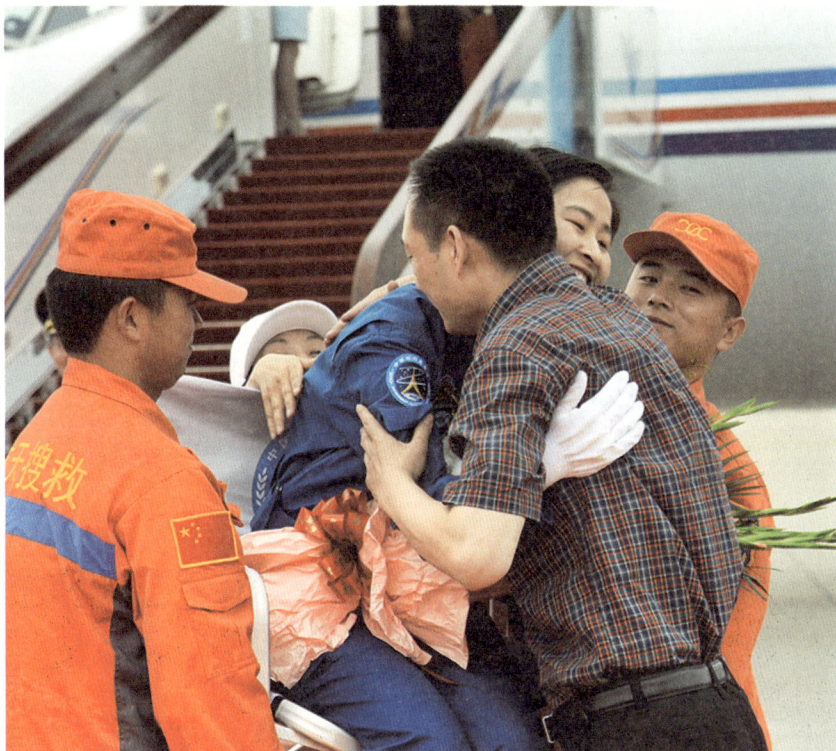

6 月 29 日中午，张华在机场内与刘洋紧紧拥抱（朱九通　摄）

爸爸的表情凝重，不放过每一个镜头。

此时，他们的心和刘洋紧紧相连。

上午 10 时 03 分，刘洋等三名航天员乘坐神舟九号返回舱回到地面，并顺利出舱。看到这里，张华和亲人们使劲地鼓掌，随后一起分享开心果，大家还站起来拍照合影。

午饭后，刘洋等人乘专机飞到北京，张华到机场去迎接。刚下飞机的那一刻，刘洋和爱人紧紧相拥时，她的嘴角露出沉醉的笑容。

16 时，刘洋回到"家"——航天员公寓，张华又一次夹在欢迎的队伍中。下车后的刘洋抱着鲜花，一个劲地挥手，微笑着向亲爱的丈夫、熟悉的亲人和战友致意。左边是妈妈，右边是婆婆，刘洋和两位亲人紧紧相拥，留下了"神九"归来后的亲密照，三人都笑得格外开心。

第五章

爱情这杯酒越品越香

6月29日上午，神舟九号返回舱成功着陆之后，北京航天城近千人盛大集会欢迎"神九"航天员回家

飞天归来的刘洋，迎来的是无数的鲜花和掌声。虽然她无法接受采访，但报纸、电视和网络上，都是她的照片和微笑，她一时成为闪闪发光的大明星。而张华继续默默无闻，照顾和关心着妻子，他希望她的身体能早日恢复。

　　刘洋也清楚，自己的成功，与丈夫默默的关心和支持是密不可分的。细数生活中的点点滴滴，刘洋的幸福婚姻，离不开彼此的理解支持、关心尊重。

　　有媒体采访刘洋时，刘洋曾说："夫妻齐心，其利断金。我当飞行员时，他就保障飞行员。现在我当航天员了，他又来保障航天员。我之所以能走到现在，和他的全力支持分不开。"她还曾幽默地给"航天保障员"丈夫打分："如果满分是100的话，我给他打200分！"

　　不鸣则已，一鸣惊人，这就是刘洋，沉着冷静的外表，包藏热情奔放的内心，永不知足渴望进步的眼睛，像夏日的向日葵，明媚灿烂，又如冬日的蜡梅，坚强地恣意开放。

　　时光在流逝，而爱情这杯酒，刘洋和丈夫却越品越香。

嫦娥飞天

（新华社图）

刘

飞天嫦娥

洋

第一章

难忘的家人小聚

"刘洋和王亚平，到底谁将成为中国首位女航天员？"随着神九飞天的日子临近，媒体和公众都在猜测，甚至有网友在论坛上称，"已确定是刘洋"，更有媒体找到刘洋家，但是刘洋父母和亲戚三缄其口，以"不知道情况""上面有纪律"为由婉拒采访。

从后来的情况看，那时的刘家人应该是知情的，不然的话，他们不会在刘洋出征前赶到北京去看望。

"本来说好的不去了，姑娘也不让去，但想姑娘心切，最后还是去了。"刘洋妈妈说，6月6日，她思来想去，一夜没有睡着，"犯

6月10日，酒泉卫星发射中心，三名宇航员共同在基地植树（朱九通　摄）

病了"，总是放心不下。

次日晚，妈妈、爸爸一起在小区内散步，妈妈突然说："不行，我必须得去见见女儿。"说完，她就拨通了女婿张华的电话："明天，我要去北京的家里看看。"

"那我得给刘洋说说，不然，她该批评我了。"张华也怕"挨批"。

"那刘洋要是还不让去咋办？"妈妈有些着急，最后，她和张华商量，人只管先去北京，暂不告诉刘洋。

6月8日中午，由爸爸、妈妈、舅舅等人组成的亲属团，到达北京航天城，要给刘洋壮行。午饭后，张华给在航天员公寓的妻子打电话："我还有个小秘密，要告诉你，你有个老相识，想跟你说句话。"

妈妈接过电话，连"喂"了六声，刘洋才听出来是妈妈的声音，

（朱九通 摄）

她没有想到"老相识"竟会是妈妈。

"哎呀，妈妈呀，吓死我了，你。"这个意外惊喜把刘洋也"雷"住了。

6月9日，是航天员们出征前的誓师大会。会后，刘洋和家人有个短暂的小聚，看到亲人，她非常兴奋，并和大家一一合影。

那次小聚，留下遗憾的是刘洋的爸爸：去之前他就感冒了，见宇航员，是需要测体温、消毒的，他就决定不见女儿。"怕影响我女儿，影响她去执行任务"。他说，毕竟自己的孩子是军人嘛，有他们的纪律，我尽量都遵守他们的纪律，不给她添麻烦，以前也都是这样。

刘洋和爸爸只是远远地挥挥手，笑笑，打个招呼，但父女俩的

心是相通的。

　　随后，刘洋还向每人送了礼物，那是她自己身穿航天服的照片，并签了名。爸爸也觉得"这礼物比啥都强，有纪念意义"。

入住问天阁

　　随后，刘洋等三名航天员和三名预备航天员乘坐专机，从北京南苑机场飞抵酒泉卫星发射中心附近的机场，然后抵达航天城的问天阁。这里已先行全面消毒，与外界隔离。

　　问天阁的取名，源于屈原的"天问"和苏东坡的"把酒问青天"，寓意航天人不断探索宇宙奥秘的理想追求。这里也是为航天员出征壮行的地方："神五"发射时，胡锦涛总书记为航天英雄杨利伟出征壮行；"神六"发射时，温家宝总理为英雄航天员费俊龙、聂海胜出征壮行。

从6月9日到16日，刘洋都住在问天阁，"神九"飞天的最后准备工作也都是在这里进行的。

6月10日，神舟九号航天员梯队队员集体亮相，其中包括刘洋和王亚平两名女航天员。他们在位于酒泉卫星发射中心的航天员公寓问天阁举行了隆重的升国旗仪式，并参加植树活动。

那时，"神九"确定两男一女飞行组合，这意味着中国首位女航天员将进入太空，我国流传数千年的神女飞天传说，眼看就要变成现实。

6月15日下午，在甘肃酒泉卫星发射中心，中国载人航天工程新闻发言人武平宣布，经任务总指挥部研究决定，定于6月16日18时37分发射神舟九号载人飞船，飞行乘组由男航天员景海鹏、刘旺和女航天员刘洋组成（朱九通　摄）

刘洋和景海鹏、刘旺在一个乘组，呈现出"新老搭配、男女搭配"的特点。在植树时，他们身穿宇航服，挥锹培土，共同栽下新的希望。

　　6月12日，神舟九号任务全系统发射演练在酒泉卫星发射中心进行，执行首次载人交会对接任务的航天员飞行乘组全程参与了演练，历时4个多小时。这是神舟九号飞船发射前首次组织的综合联合演练，也是任务展开以来参试系统最多、最全、最贴近实战的一次模拟演练。

　　"各系统组织指挥顺畅，技术状态正确，参试设备工作正常，满足发射任务要求。航天员飞行乘组配合默契，程序执行准确无误。"媒体用这样的语言来报道演练情况。

　　至于刘洋等航天员个人的表现，均未提及。

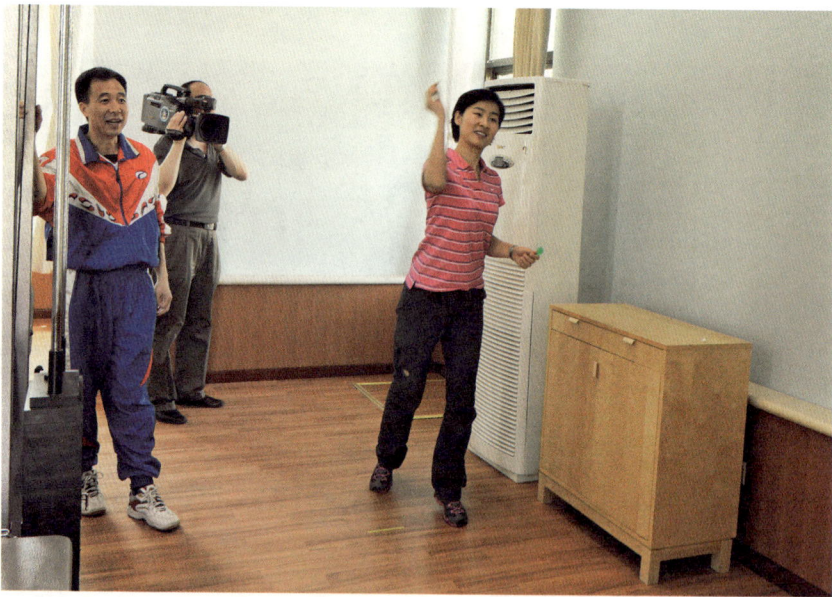

与师兄景海鹏玩飞镖（朱九通　摄）

（朱九通　摄）

第二章

首位飞天"嫦娥"就是她

　　古有嫦娥奔月，谁能最终成为中国飞行太空的当代嫦娥？在国人的殷殷期待和关注的目光中，神九飞行乘组名单终于正式向社会公布，那是在 6 月 15 日。

　　当天下午，中国天宫一号与神舟九号载人交会对接任务首场新闻发布会在甘肃酒泉卫星发射中心举行，中国载人航天工程新闻发言人武平宣布，经任务总指挥部研究决定，定于 6 月 16 日 18 时 37 分发射神舟九号载人飞船，飞行乘组由男航天员景海鹏、刘旺和女

2012 年 6 月 15 日，航天员刘洋在训练中（新华社图）

航天员刘洋组成。刘洋成为我国首位参加载人航天飞行的女航天员，也是我国第二批航天员中首个参加飞行的。

景海鹏担任指令长，刘旺主要负责手控交会对接操作，刘洋主要负责航天医学实验及空间实验管理，内容达数十项。对于一位进入航天员大队刚满两年的"新兵"，这的确是一次严峻的考验。

当天下午 17 时 30 分，执行此次发射任务的长征二号 F 遥九火箭开始加注推进剂。

在当晚举行的记者招待会上，景海鹏、刘旺和刘洋三位航天员首次公开亮相，在厚厚的玻璃墙内，他们身穿深蓝色工作服，笔挺端坐。身后是一面巨大的五星红旗，工作服上也印有国旗。

每介绍一名航天员，他们都起立行军礼致意，此时的刘洋一头干练的短发，神态沉稳安静，眉宇之间有着女兵特有的飒爽和坚毅，脸上始终微笑着。

"能够成为首位飞向太空的女航天员，我是幸运的。"刘洋说。话还没完，现场就响起了掌声。

那天，刘洋爸爸却显得相对平静，他该晨练的时候晨练，该浇菜的时候浇菜，甚至在上午还该上班上班。直到中午，他才陪老伴坐在电视前看直播。他说，自己表现得淡定，是因为比她妈的心显得大些。

说起女儿所在的飞行乘组，爸爸说有三个机缘巧

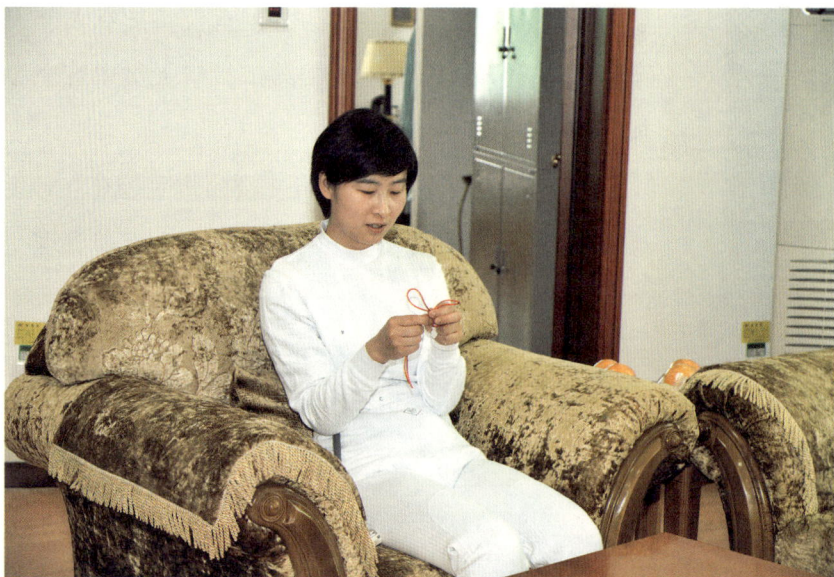

6月16日下午，出征前的刘洋在编织自己喜爱的中国结（朱九通　摄）

合：一是景海鹏和刘旺都是山西人；二是刘洋生长在郑州，刘旺曾在郑州工作，娶的也是郑州媳妇；三是景海鹏年龄比刘洋正好大12岁，属相都是马。

"我和她爸都是普通人，就用平常心看这事。刘洋她再伟大、再成功，也是我的姑娘，在我眼里就是小孩子。"当晚，妈妈接受采访时，这样表达她对女儿飞天的看法。尤其是平常心，这是最难能可贵的。

飞天5小时前在编中国结

按照计划，6月16日18时37分，神舟九号飞船发射飞天。这对刘洋来说，是极不寻常的一天。一大早，她远在郑州的妈妈就起床了，饭也吃下去，离女儿飞天的日子越近，她越是牵挂，坐卧难安。

但在问天阁的刘洋，还是"外甥打灯笼——照旧"，按时起床，按时洗漱，按时吃早餐。

早上8时30分，刘洋走进航天员餐厅，吃的是自助餐，有热菜、有主食、有汤，还有咸鸭蛋等。端起餐盘，盛好饭，她微笑着和景海鹏、刘旺打招呼，三人同在一个餐桌上共进早餐。

他们的用餐，吃的都是家常菜，连菜都是工作人员自己种的，营养荤素搭配合适，不过都没有凉菜，害怕凉菜会造成拉肚子。

此后的半个小时，是常规测量，航天员们要进行医疗保健，进

6月16日下午，"神九"顺利发射，刘洋父母家中小小的客厅拥进上百名记者

行体温、血压、心率、脉搏等多项内容的常规测量。9 时到 9 时 30 分，他们到健身房进行健身，项目不复杂，大部分时间在打太极拳，还有扔飞镖。

下午 2 时，刘洋一身白色航天服内衣，坐在公寓房间宽大的沙发上。她的手里，是几根红色的绳子，原来她正在悠然地编织着一个中国结。

而此时，距离飞天不足 5 个小时，在她郑州的家里，挤满了百十号媒体记者，三十台摄像机、照相机镜头，正对着她看电视直播的爸爸、妈妈、舅舅等人。连小厨房里，都摆满了记者们的笔记本电脑。

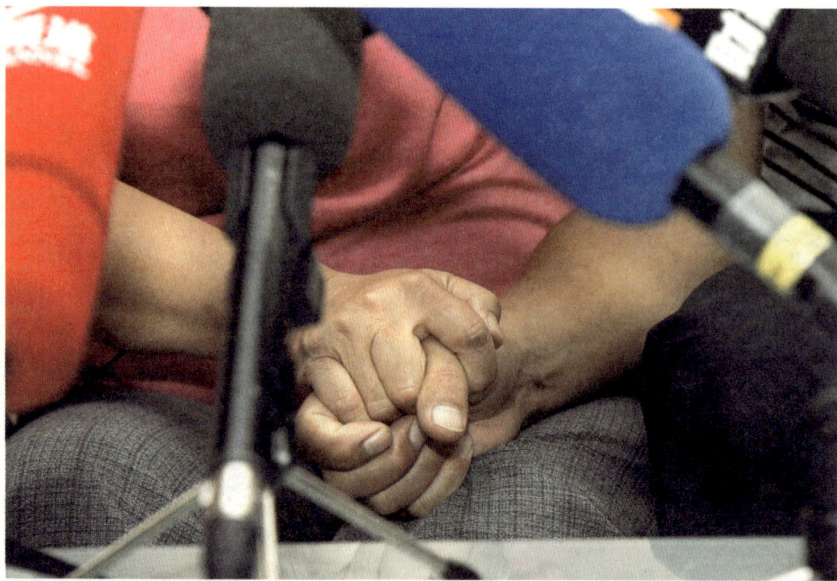

6 月 16 日下午，"神九"飞天那一刻，爸爸妈妈牵挂的心跳在一起，两只大手紧紧地握着

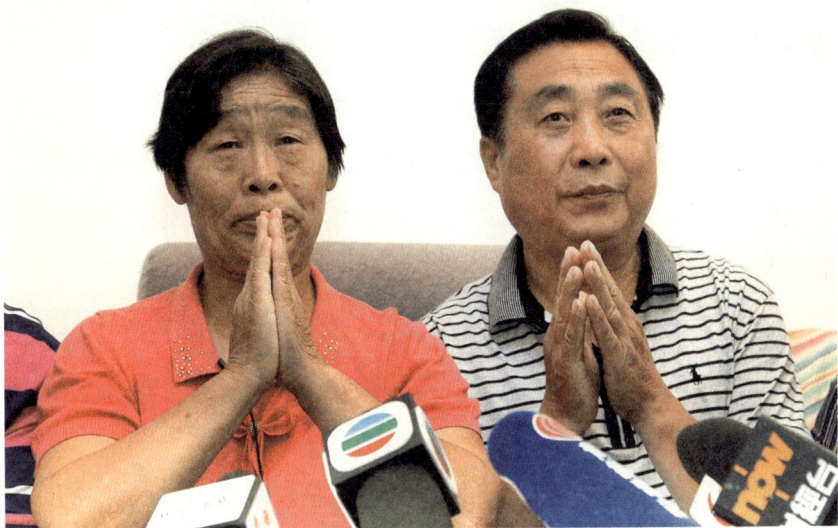
孩子，父母为你祈祷平安

　　半个小时后，刘洋等三名航天员就要进入准备间，穿上航天服进行飞天前的准备工作。

　　下午 3 时 09 分，刘洋穿上航天服，工作人员正在进行出征前的气密性检查。

　　下午 3 时 42 分，一切就绪，三位航天员身着航天服，坐在椅子上手牵手，刘洋和刘旺同时摆出了"V"形手势。

"嫦娥"飞天那一刻

　　"神九"发射，"嫦娥"刘洋飞天。母子连心，刘洋的每一个动作、每一个微笑，都让万里之外的妈妈跟着"心动"。

距飞天不足 5 个小时，她的妈妈和爸爸被记者问及"天地对话"的事。

　　"太想了，我太想了，我时时刻刻都在想！我每时每刻、每分每秒都在想！"妈妈激动不已，她说，要是能与女儿"天地对话"，她最想说的第一句话是："姑娘，加油！跟你的战友们，跟你的乘组一起，圆满完成任务！"

　　15 时 30 分，他们坐在客厅沙发上，收看央视新闻直播"出征"仪式。一看到刘洋，妈妈就竖起大拇指，收回又竖起，默不作声，泪水悄悄滑过脸颊。

　　15 时 43 分，刘洋身着乳白色的宇航服赶向发射场时，妈妈、爸爸静静地挥手，在万里之外为女儿"壮行"。

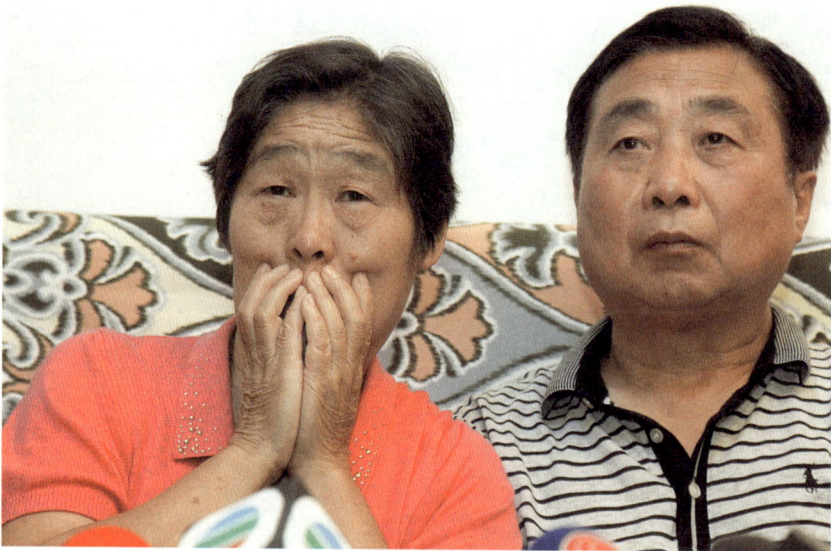

6 月 16 日下午，"神九"飞天那一刻，最紧张的是爸爸和妈妈

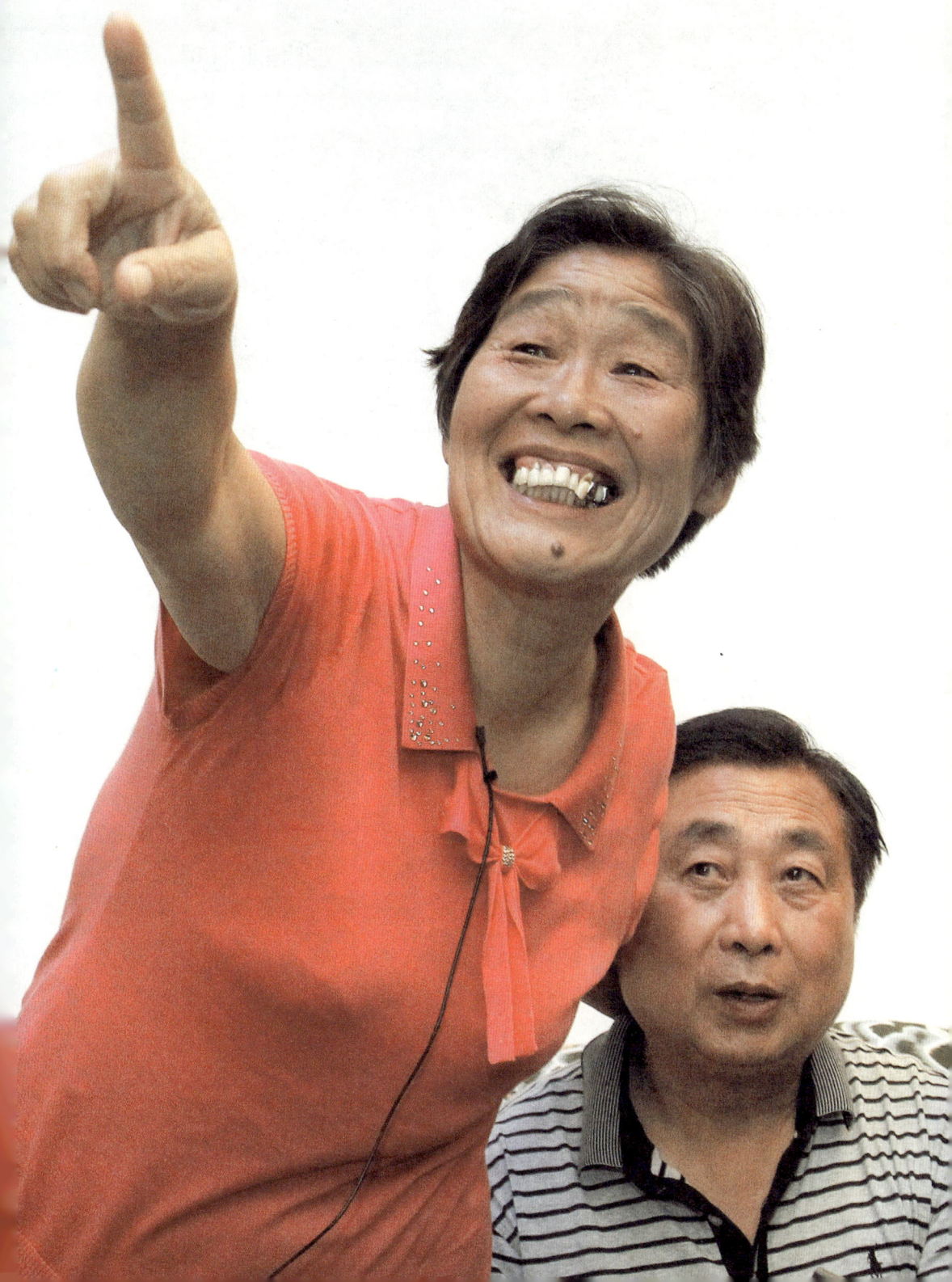

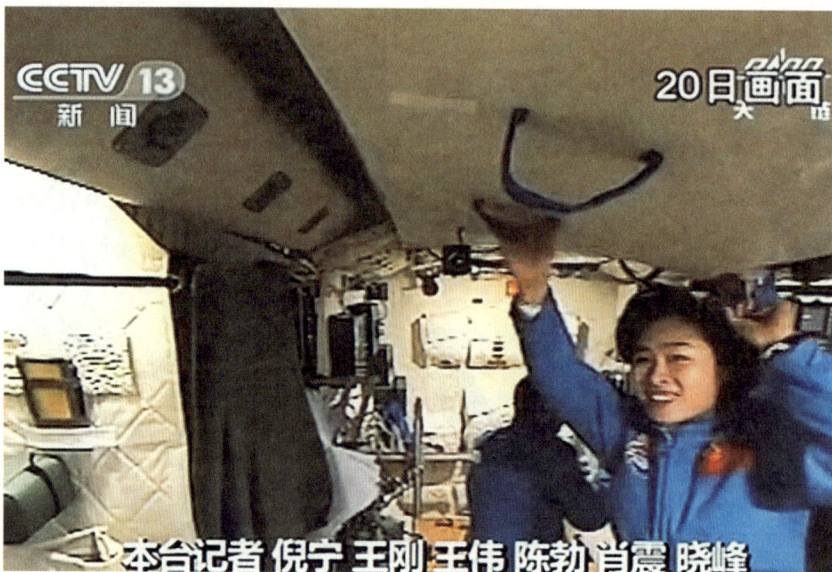

本台记者 倪宁 王刚 王伟 陈勃 肖震 晓峰

　　18时07分，"神九"飞天进入半小时倒计时，妈妈有些坐不住了，她一会儿用手掩住双眼，不敢看电视，可一会儿又忍不住放开手去摸屏幕上的女儿。爸爸的表情看似平静，却又比平时凝重了许多。担忧在他们的心中蔓延。

　　18时32分，妈妈的泪水再也止不住，舅舅牛振西赶紧搂紧姐姐的肩膀，他的眼睛也开始湿润了。

　　18时37分21秒，点火的声音响起时，妈妈紧握的双手与爸爸的右手紧紧攥在一起，舅舅则用手抓住姐姐的胳膊，三颗心紧紧相连，紧张的情绪此时弥漫在现场。

　　18时42分，屏幕上出现身在太空舱的刘洋，她脸上挂着微笑。就是这个微笑，让妈妈、爸爸等亲人们的紧张一扫而光。"你看看，刘洋笑了，笑了！"此时，现场响起了掌声。

18 时 46 分，正常飞行的"神九"让现场的人越来越放松，妈妈挥着双手，跟屏幕上的女儿"致意"："姑娘，我们爱你！"

刘洋终于将中国女性的微笑带入了太空，也把深藏在国人心中的首位女航天员飞天的中国梦圆。"我能够有机会代表中国亿万女性出征太空，为此我感到无上光荣……以前当飞行员时，我是在天空飞行，现在当上了航天员，我将在太空飞行，这将是一次更高、更远的飞行。"正如出征前发布会上刘洋所言，这次太空之旅，将会更高、更远，而对刘洋来说，将是人生中最大的考验。

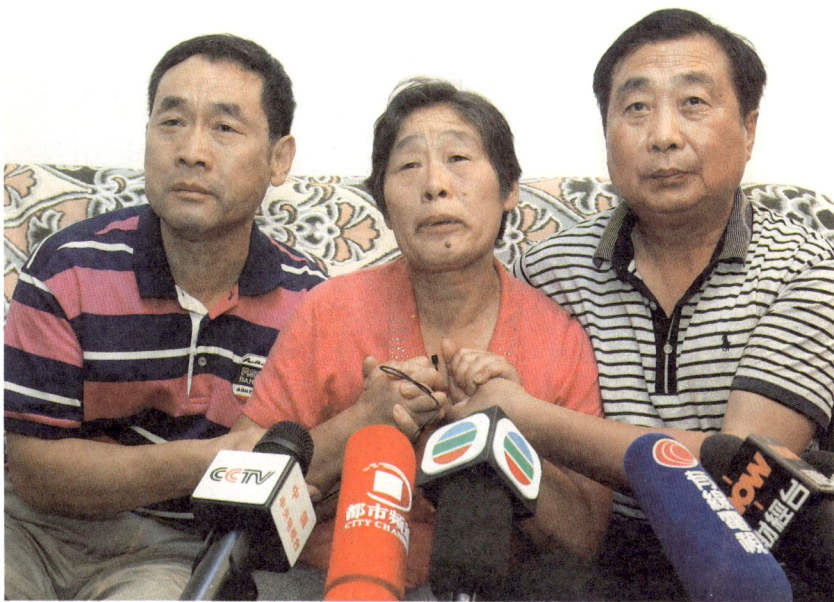

6 月 16 日 18 时 37 分 21 秒，点火的声音响起时，妈妈紧握的双手与爸爸的右手紧紧攥在一起，舅舅则用手抓住姐姐的胳膊，三颗心紧紧相连，紧张的情绪此时弥漫在现场

第三章

太空 "十八变"

让我们跟着电视镜头，来回顾神女刘洋和战友在太空中的精彩表现，一个个精彩画面，让大家看到不一样的太空 "十八变"。

2012 年 6 月 16 日傍晚，"神九" 成功发射后，首次进入太空后的刘洋 "调皮" 地玩起了纸笔失重漂浮，她的这个小小的动作，一扫航天发射活动的紧张和严肃，既展示了刘洋良好的太空工作状态，也体现出年轻女性特有的俏皮可爱。

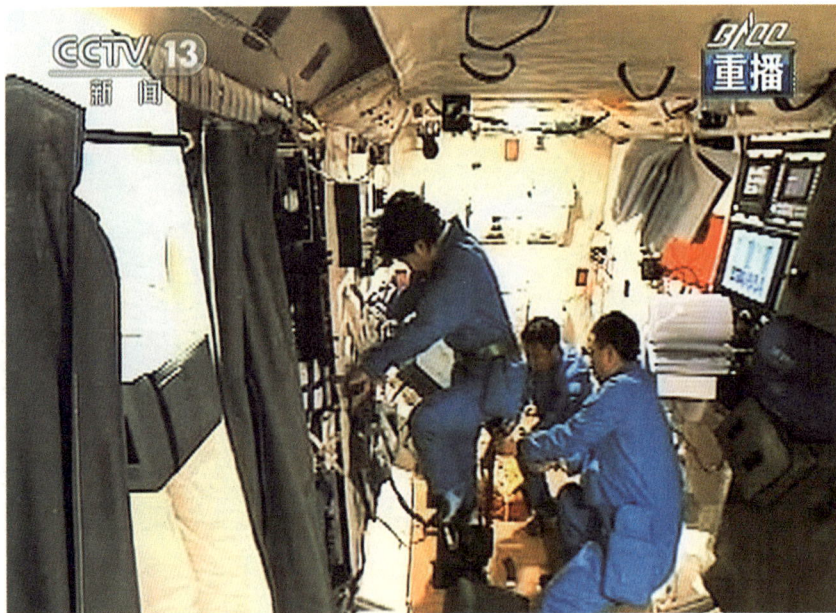

在景海鹏、刘旺的帮助下，刘洋在太空骑 "自行车" 锻炼

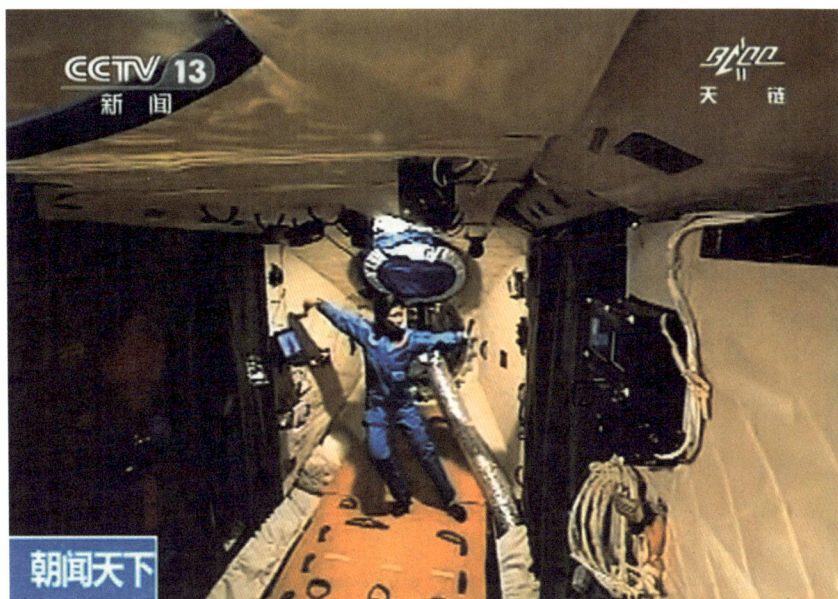

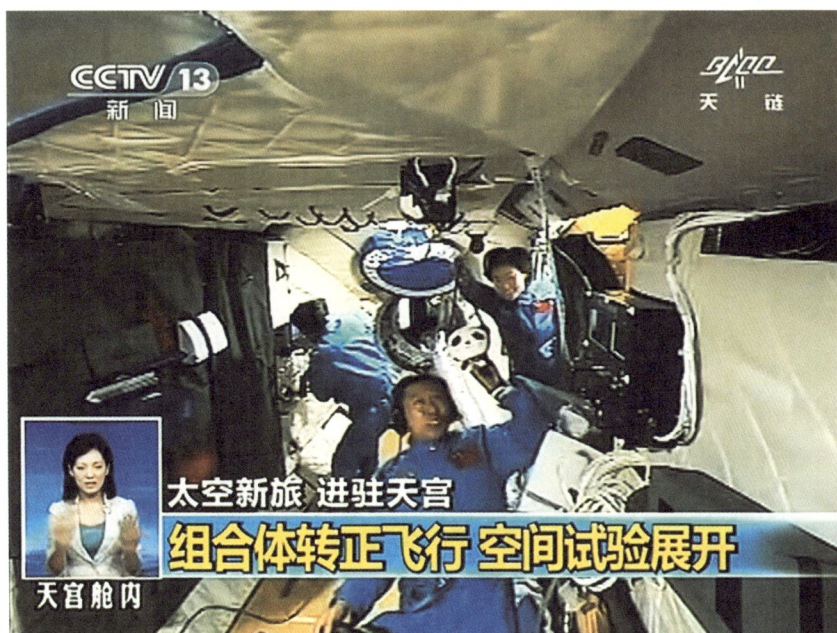

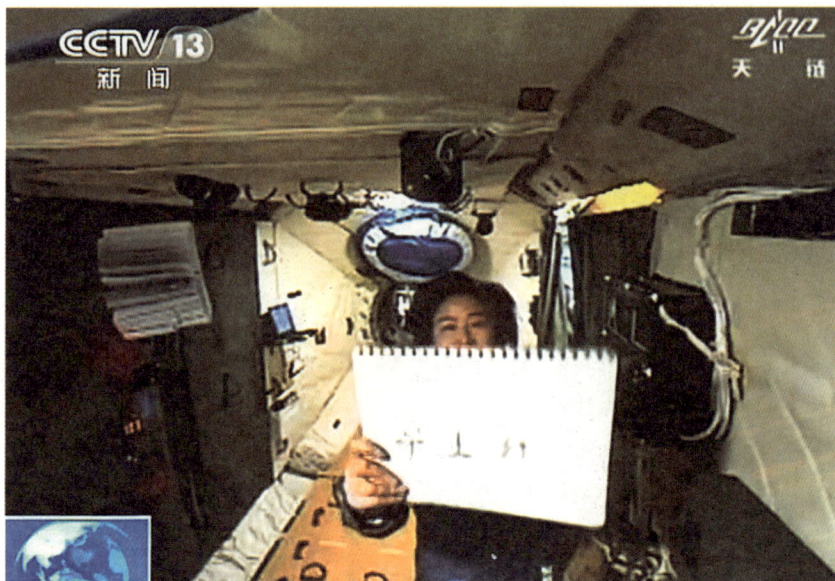
刘洋在太空向大家问候"早上好"

6月17日下午1时30分，刘洋进入返回舱，成为第三位值班的航天员。值班时，她非常专注，紧盯着监视屏幕，翻阅安全手册，有心细的记者发现，她偶尔动一下嘴巴，并猜测她是在默记动作指令。

6月18日17时07分，航天员景海鹏顺利进入目标飞行器天宫一号，一个新的记录就此诞生：中国人第一次成功地在太空中从一个航天器进入另一个航天器，景海鹏成为中国第一个进入天宫一号的航天员。

这是"天宫"里的温馨的"家"：一个火红的中国结挂在舱壁，旁边是同样火红的国旗。17时26分，刘洋也"飘移"进天宫一号，她的手里拿着飞行手册。看到她有种要飘走的感觉，刘旺停下手头的工作，扶着她慢慢站稳。性格开朗的刘洋，咧嘴笑了起来。

6月19日，刘洋在景海鹏和刘旺的帮助下，骑太空"自行车"进行锻炼。这也是我国航天员首次在太空使用自行车功量计。太空"自行车"与普通自行车不同，使用前要先进行组装，大约10分钟可以完成；为防止骑行时飘走，航天员要用束缚带将自己固定在车座上；它没有握把，航天员得扶住天宫一号的墙壁。那晚，她还与丈夫来了场"天地情话"，并表演了"翻跟头"。

6月20日晚，是刘洋第一次值夜班，在完成与地面通话和各种仪器设备的监测后，她发挥女性的优势，对天宫一号进行了一次大扫除。凌晨3点左右，刘洋翻看相册，玩起了魔方。一个人的大夜班并不孤独，在北京航天飞行控制中心，飞控人员密切注视组合体的飞行情况。她心爱的丈夫张华，也在飞控中心的屏幕前陪了她整整一夜。

6月21日早上6时，景海鹏和刘旺早早起床，接替了值守一夜的刘洋，开始了全天工作的准备，他们三人还要完成计划内的空间

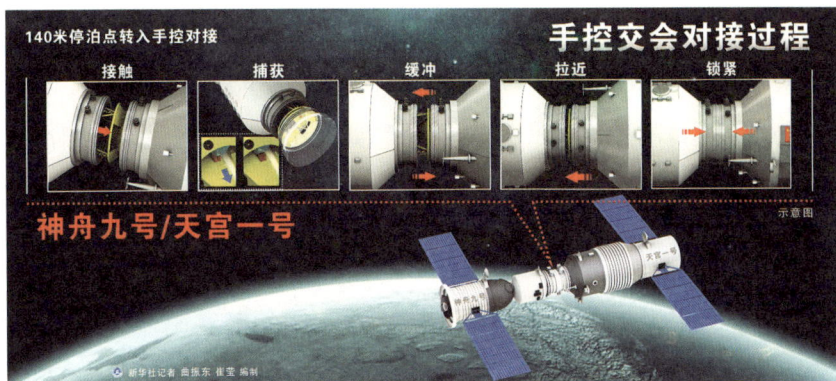

神舟九号与天宫一号手控交会对接过程（新华社图表）

实验。

6月22日，是神九航天员进驻天宫一号的第五天，刘洋最为活跃，她一直在苦练太空筋斗，不过第一个筋斗并不顺利，起跳、蜷身、双手抱膝……可惜只进行到一半就开始手舞足蹈了。一圈，两圈……刘洋开始新的翻越，刘旺也为她竖起了大拇指。

创造中国航天史上多个"第一"

6月23日是端午节，景海鹏将写有"端午快乐"的飞行手册，对准天宫一号舱载摄像机。这是中国航天员第一次在太空度过中华民族的传统佳节，也是中国人首次在距地面343公里的太空向地球发出节日问候。

"你们正在度过最高的端午节！"来自环控生保分系统的王栋与航天员对话，并大声称赞说，"大伙儿都觉得你非常漂亮、非常有气质，你的发型最潮、最酷，今年最流行！"端午节没有吃上粽子，但他们把自己固定在"天宫"实验舱中部，面对面地开始了难得的"聚餐"，并吃到了粽子的替代品——八宝饭。

6月24日早上，神舟九号与天宫一号暂时分离。12时许，航天员刘旺驾驶神舟九号飞船从140米外向天宫一号缓缓接近，最终成功捕获天宫一号，中国首次手控交会对接成功。刘旺与景海鹏、刘洋的手紧紧牵在一起，而后高高举过头顶。这意味着，中国完整掌握了空间交会对接技术，具备了以不同对接方式向在轨飞行器进行人员输送和物资补给的能力。

6月24日中午，神舟九号与天宫一号实现手控交会对接，刘洋的父母与亲友一起在电视机前密切关注感受着那一刻的紧张与激动。两位老人交流着神舟九号、天宫一号对接的细节问题

6月25日，三名航天员在天宫一号内，继续开展空间实验。闲暇时，刘洋手里就会摆弄起丝绳，编织中国结，这是一项指关节的运动训练。

6月26日上午，中共中央总书记、国家主席、中央军委主席胡锦涛来到北京航天飞行控制中心，同正在天宫一号内执行任务的神舟九号航天员景海鹏、刘旺、刘洋亲切通话，代表党中央、国务院、中央军委，代表全国各族人民，向三名航天员表示诚挚问候。此时，三名航天员站成一列。站姿更稳，神情更放松，已完全适应了失重状态的"天宫"生活。

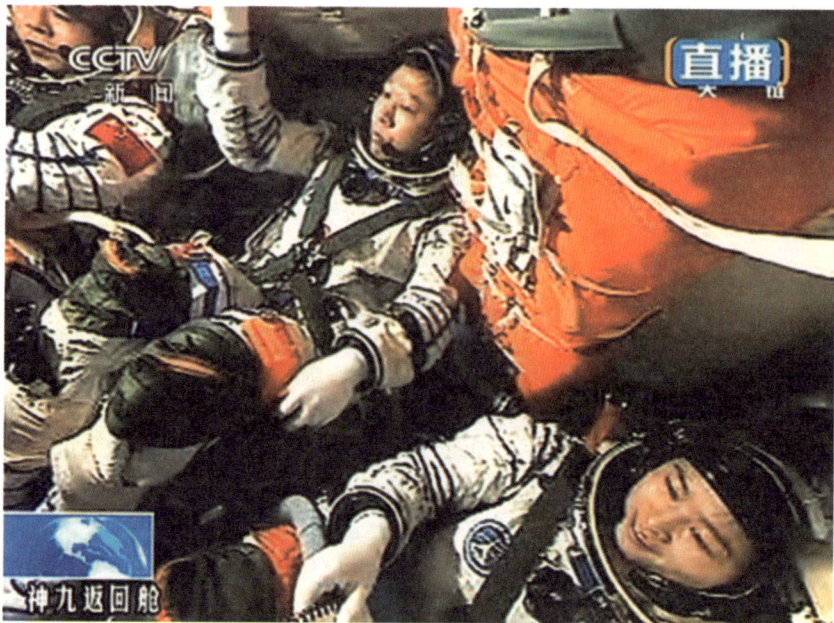

当晚，刘洋在天宫一号值守第二个大夜班，在忙完工作后，她展示了一段中国"功夫"，打起"太空太极拳"，看上去还颇有点功底。据了解，航天员练太极拳，是为了调整呼吸。鲜为人知的是，她的妈妈是一个正宗的太极拳友，坚持打太极拳已有多年。"刘洋打太极拳，就是受到我的影响"。

6月27日14时42分，在北京航天飞行控制中心的精确控制下，天宫一号与神舟九号组合体在太空中偏航180度，从交会对接的正飞状态进入倒飞姿态，建立撤离姿态，为航天员首次手控撤离做好准备。

6月28日，航天员景海鹏最后敬礼与天宫一号告别，返回神舟九号飞船实施首次手控撤离。

6月29日上午10时许，神舟九号飞船成功降落在位于内蒙古中部的主着陆场预定区域。随后景海鹏、刘旺、刘洋平安回家，身体状态良好。他们都创造了我国航天史上的多个第一：刘洋是第一位女航天员，景海鹏是我国第一位第二次进入太空的航天员，刘旺是第一位真正操控飞船的人。

刘洋被誉为"航天一姐"

　　"神女应无恙／飞天姐叫刘洋／长在黄河边／家在大河南／飞天不是梦／巾帼不让须眉／中原女英雄／也把功劳建／谁说女子不如男……"刘洋成功飞天，全国人民为之欢呼。为纪念河南姑娘这一壮举，河南老乡邱新航和王勇有感而发，激情为刘洋专门创

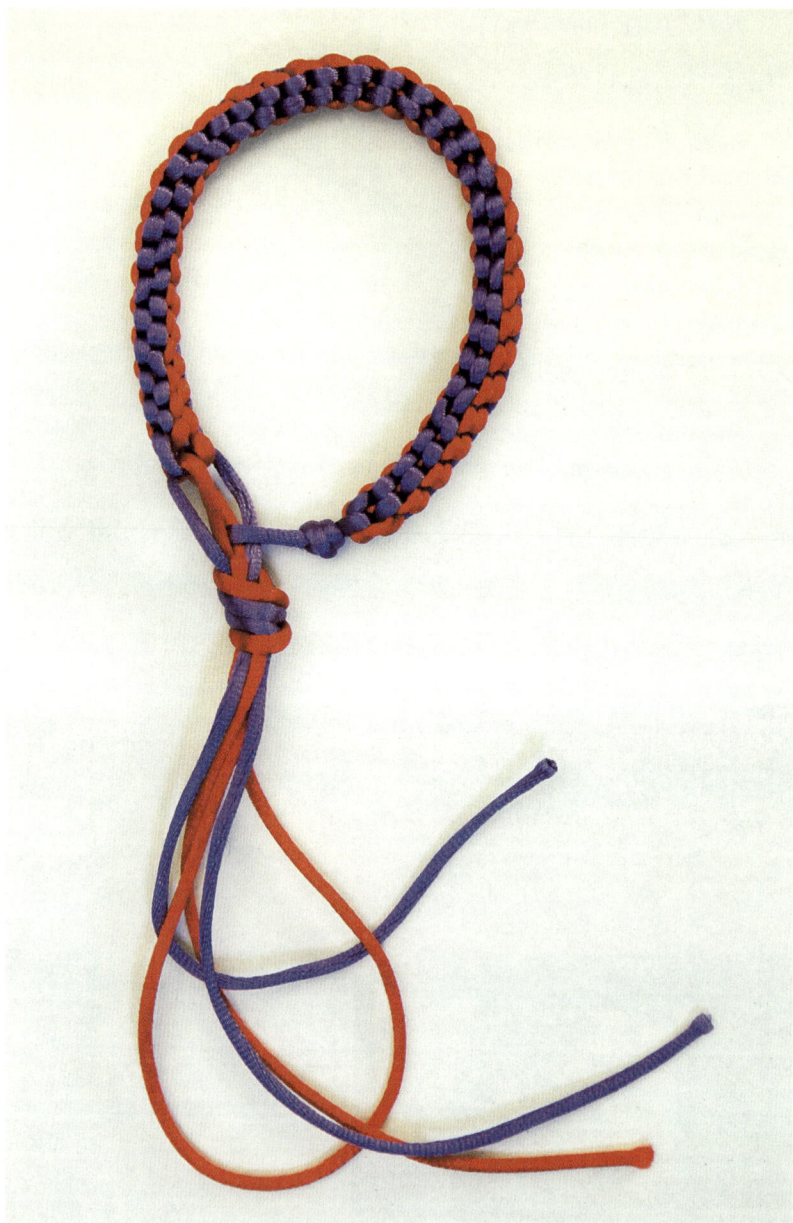

刘洋在太空给妈妈编的手链

作了一首歌曲《神女刘洋》。

明星们也在关注刘洋这颗"新星"：神九成功升空后，每逢国家大事都会写诗的赵忠祥，特为此事写了一首七律，名为《为神九歌》，最后两句是："万人还向刘洋贺，月里嫦娥泪亦多。"

神女刘洋飞天，也让名人倪萍"欢喜得飞奔进画室"，作画《飞天仙女》，并发到新浪微博遥寄祝福。看过倪萍的画，网友"刘二愣智斗妖魔"跟帖：寂寞嫦娥舒广袖，万里长空只为神州舞。

万米鞭炮迎"神九"凯旋

在女性们看来，刘洋更是她们的骄傲和榜样，甚至有网友把刘洋誉为"航天一姐"。

一位女大学生说："浩瀚的太空迎来了首位中国女宇航员，看到刘洋在太空舱里骑车、玩笔的镜头，觉得她太可爱了，我想，正是因为无数次严格的训练和流汗，才能让这个美丽的女孩有这样的自信和笑容吧。刘洋是女性的榜样！"

（牛振西 摄）

　　世界首位进行太空行走的苏联女航天员斯韦特兰娜·萨维茨卡娅在接受新华社采访时表示，中国女航天员的飞天，更有力地证明女性是航天界的"半边天"。她之前还说，自己知道中国女航天员是飞行员出身，她们训练有素，经过层层选拔。她们熟知如何操纵航天器，绝不是象征性飞天的"活行李"。

　　"我为刘洋感到骄傲，她和男性一样有权进入太空，决定地球未来的命运。"美国及全球第一位黑人女航天员梅杰米森也为中国女性刘洋自豪。1992 年 9 月 12 日，她乘"奋进"号航天飞机升空，飞行 8 天。

第四章

林州老家的热闹

"铿锵玫瑰耀星空，林州刘洋第一人。"一位林州的文人写下这句话，来形容飞天的刘洋。

刘洋恐怕不会想到，她仅只回过一次的老家的林州人，竟为她的事如此上心，如此欣喜，比过年还要热闹。尤其是6月15日下午，中国首位女航天员定为刘洋的消息发布后，她的祖籍林州市五龙镇泽下村，"父老乡亲们欢天喜地奔走相告，敲锣打鼓进行庆贺"，印有"刘洋，你是家乡人民的骄傲"等字样的红色条幅挂满刘洋五

6月29日下午，凯旋的"神九"航天员与家人在一起

6月16日下午，三名航天员出发探索太空

爷刘天才的小院，甚至有人挂起早已备好多日的"中国首位女航天员故里"的大横幅。

6月16日傍晚，100多位乡亲和记者，聚在刘天才家，观看神九发射的现场直播，现场欢呼雀跃声此起彼伏。

而当地党委政府的重视程度，更是非同寻常：

5月23日，林州市主要领导通过各种途径和关系，寻找刘洋与林州的关系；

5月29日上午，林州市委常委、宣传部长路德军带着几名记者，走进泽下村，这个小村庄因刘洋开始沸腾；

6月10日，五龙镇政府召开了一次专题会议，并成立专门的接待小组，以便做好媒体接待等服务工作；

6月29日上午，三名航天员平安归来（新华社图）

6月11日，为做好宣传刘洋的工作，林州市政府再次召开专题会议；

6月16日下午，神九飞天前，林州市市委、市政府主要领导赶赴郑州刘洋家里……

那些天，林州老家最忙也是最"火"的，应是刘洋五爷刘天才。来自全国各地的媒体记者，慕名来到他家，打探与刘洋有关的故事。他一次又一次讲述那些重复了多遍的故事，因为他也不了解刘洋，知之甚少。

16日，刘天才曾表示，自己已接待了500多名记者。后来，有媒体曝出刘天才为躲避记者，只好躲到山上去了。经过镇政府出面，他才再次"出山"。

三所母校的"置顶"

　　沸腾的不只是刘洋老家，还有她的三所母校，学习刘洋的热潮不约而同掀起。每所学校不仅组织学生收看电视直播，还大张旗鼓地宣传刘洋，"置顶"刘洋。

　　小学母校——郑州市管城区实验小学大门上，悬挂着"这里是中国首位女航天员刘洋成长的摇篮"的红色横幅，校园内则是"向学长刘洋姐姐学习"的大红标语。学校先是开展向中国首位女航天员学习活动，6 月 19 日，又开展向刘洋的启蒙老师白凤芝学习的活动。

初中母校——郑州市三中操场边的展板上，布满了题为"刘洋，三中人为你骄傲"的"女航天员刘洋简介"的内容。

高中母校——郑州市十一中大门口，第一眼看到的就是"中国首位女航天员从郑州十一中'起飞'"的大型喷绘，而在大门上方，悬挂的则是"热烈祝贺我校 97 级校友刘洋光荣入选神九航天员队伍！"

曾教过刘洋的老师们，成了媒体追逐的焦点，他们一时变成炙手可热的人物。

刘洋的小学班主任、74 岁的白凤芝老师，为了便于接受采访，重新回到她离开多年的校园"上班"，做了学校的"发言人"。

郑州十一中分校马副校长则称，"我们这儿已经成为接待办了"，一个上午就接待了 40 多家媒体的记者；刘洋的高中班主任武秋月患病住院，她的丈夫庞人龙成为她的临时"代言人"，一天接到 20 多个采访电话，连手机都被打"休克"了。

未能发出的致谢书

而在郑州的刘洋家里，更加热闹，不仅仅媒体记者在"围堵"，还有一拨又一拨的慰问者，既有刘洋家的亲戚，爸妈的同学、同事，刘洋的同窗，还有素未谋面的企业代表，他们不仅送来了鲜花、水果，还有慰问金和企业产品。

早在 6 月 15 日晚，一家知名企业的工作人员就赶到刘洋家，

寒暄慰问后，盛情地拿出一个装有万元现金的红包，送给刘洋爸爸。刘家人一边感谢，一边婉拒了慰问红包。

6月16日晚，"神九"飞天直播刚结束，郑州某食品公司负责人就在媒体记者的陪伴下，抱着企业产品找到刘洋家。见到刘洋的一位亲戚，他就掏出厚厚的红包，以表示慰问，仍被婉拒。

"人家的心意，咱们领了，但礼物和现金咱不能收。"晚上，刘洋爸爸、妈妈和舅舅牛振西等人在一起"开会"商量，并决定委托《东方今报》发个"致谢书"，大致意思是，首先感谢大家的关心，其次是要说明刘家的态度，不接受礼品和现金慰问。

这个致谢书，由《东方今报》记者起草，后经过刘洋妈妈和舅舅等人修改后，准备次日刊登在《东方今报》上。

致谢书原文如下：

各位相识不相识的朋友，非常感谢你们对我女儿刘洋及我们的关注和关爱，感谢你们不同方式的祝贺和祝福，我们发自内心地谢谢你们，也代表远在太空的刘洋谢谢你们！这两天，陆续有许多爱心企业和爱心人士联系或到家里，送来爱心礼品和慰问金，这让我们都非常感动。大家的心意，我们收下，但是这些礼品和现金，我们受之有愧，所以只能在此说声"谢谢"了。同时也请你们转告其他朋友，今后我们也不接受任何形式的现金和物品捐赠。谢谢大家！

让我们一起祝愿神舟九号飞天圆满成功，期待刘洋和两位宇航员凯旋！

刘洋家人

2012年6月16日

（朱九通 摄）

刘
洋

（朱九通　摄）

　　不料，到晚上 11 时许，《东方今报》记者却接到了刘洋舅舅牛振西的短信："那封致谢书，请暂时不要刊登。"

　　原来，当晚 10 时许，郑州市一名副市长也到刘洋家慰问，该市民政局局长也专门送去了 1 万元慰问金。"领导们恁晚还来家里慰问，很感动人，咱也不好意思拒收啊。"

　　6 月 17 日，刘洋妈妈表示，他们在家收到的慰问金，一分钱也不花。等刘洋飞天归来后，让刘洋来确定这些钱的最后用途，要用到更有意义的地方。

第五章

费俊龙的特别看望

盼望着，盼望着，刘洋飞天归来的日子终于快到了。虽是短短的 10 多天，可是对她的父母来说，却像 10 多年。一个在天上，一个在地上，他们的距离又是何等的遥远。

"明明知道不用担心，'神九'会成功，可还是对女儿放心不下，她啥时候回到我的怀抱，我才会真正放下心。"母女连心，刘洋妈妈的那份牵挂，也始终凝结于心，而看到媒体"航天员太空变瘦"的消息，她又多了一份担心。

6 月 27 日晚上，刘洋家人坐上了开往北京的列车，这一晚，可能是由于内心太激动了，刘洋妈妈睡得并不好。这是由爸爸、妈妈、舅舅、姑父和三婶组成的五人亲属团，他们代表郑州的 50 多位亲戚来迎接即将归来的刘洋。

之前，爸爸抽空专门去理了发，显得精神了很多；妈妈还特意烫了头发并染黑了，看上去也年轻了不少。

次日一早，他们来到了北京航天城刘洋的家中，与刘洋的丈夫张华和公公婆婆会聚到一起。有媒体问及给刘洋带着什么好礼物，爸爸爽朗地笑了，他说："我们这次什么礼物也没带，我们就带着心来了。这比什么礼物都珍贵。"

此时，北京航天飞行控制中心大楼，正门悬挂着的"誓夺首次载人交会对接胜利，再续中国航天事业华美篇章"大红条幅，格外

引人注目。西侧的一栋楼上，则挂着"齐心协力冲刺，安全健康返回"的标语。而"神九""天宫"交会模型，早已"入驻"航天协作楼。

当晚9时10分，中国航天员大队大队长费俊龙少将专程来到刘洋父母下榻的宾馆，看望他们。费俊龙请刘洋父母放心，他说："在此之前经过多次的载人航天发射，现在我们的航天技术已经非常成熟，而且刘洋等三名航天员又经历了多次的训练，一直都非常地成功，这一次也一样会圆满成功地完成任务平安返回。"

作为"过来人"，费俊龙的那番话，让刘洋父母紧张的心稍稍放松，夜里休息也踏实了许多。

把最漂亮的一面展示给全国人民

6月29日，是神九"回家"的日子，刘洋爸爸、妈妈也终于等来了女儿归来的那一刻。

上午8时许，他们赶往北京航天城，路过友谊路，被眼前的人群感动着：工作人员早早地做好了准备，喜庆的鞭炮有百十米长，几乎铺满了沿途的街道。欢庆的队伍，有1000多人，他们自发而来迎接航天英雄们。

而后，他们被安排在航天礼堂，和航天员景海鹏、刘旺的亲属一起观看央视直播。

上午9时16分，神舟九号飞船返回舱与轨道舱分离；

10时03分，在穿越稠密的大气层后，返回舱在内蒙古中部预定区域安全着陆；

11时08分，指令长景海鹏从返回舱内率先出舱；

11时10分，航天员刘旺出舱；

11时20分，中国第一位女航天员刘洋也面带微笑顺利出舱，她脸色红润，微笑如常。精神不错的刘洋，显得特别漂亮。现场的男医护人员后来透露，刘洋出舱时间长了些，是因为化了淡妆，"刘洋爱美，她想把自己当时最漂亮的一面展现给全国人民"。

当问到在太空的特别感受时，刘洋说："天宫就像我们在太空的家，很温馨。"而这时的航天礼堂内，长时间响起雷鸣般的掌声。刘洋妈妈彻底露出了笑脸。有记者问及"现在可以放心了吧"，她一语双关："我刚刚吃了开心果！"

当惊世界殊

11时25分，载人航天工程总指挥常万全在北京航天飞行控制中心宣布：神舟九号飞船返回舱已在内蒙古主着陆场安全着陆，三名航天员身体状况良好。天宫一号与神舟九号载人交会对接任务取得圆满成功！

在热烈的气氛中，中共中央政治局常委、国务院总理温家宝宣读了中共中央、国务院、中央军委的贺电。

贺电说，天宫一号与神舟九号载人交会对接任务的圆满成功，实现了我国空间交会对接技术的又一重大突破，标志着我国载人航天工程第二步战略目标取得了具有决定性意义的重要进展。这是建设创新型国家取得的新成就，是中国人民在攀登世界科技高峰征程上铸就的新辉煌，是中华民族为人类探索利用外层空间作出的又一卓越贡献。全体航天人建立的丰功伟绩将彪炳史册，祖国和人民永远不会忘记！

接着，三名航天员换下白色航天服，穿上蓝色工作服，在简单的洗漱后，吃上回到地球后的第一顿饭：粥、花卷、咸菜、水果，还有清炖羊肉。

"过程完美、结果圆满、成果丰硕。"载人航天工程办公室副主任武平用简洁的12个字来评价神舟九号飞行任务。四个预定目标全都圆满实现了。

（牛振西 摄）

没有仪式的"回家"仪式

下午2时30分，北京航天城航天公寓内，响起一阵欢喜的锣鼓声。此时，这个航天员的"家"门口，已聚集了欢迎的人群，他们都是刘洋们的战友们。

"我们成功，祖国万岁！"手持花束的战友们举起长长的红条幅。"失重防护，感觉还好吧？"几位战友抬着"欢迎凯旋"的展板上写着这样的问候，贴心之情跃然纸上。

25分钟后，刘洋的亲属团和景海鹏、刘旺的亲属们集体乘车，进入航天员公寓，很多人是第一次来到这里。而对刘洋等航天员来说，这是他们腾飞的地方，有了在这里的历经考验，才有了今天的成功飞天。

　　与此同时，三位航天员的战友们列队进入航天员公寓，等待英雄归来。

　　下午3时，航天员公寓大门口围满了欢迎的人群，他们是生活在航天城的家属们。公寓里面铺着长长的红地毯，欢迎的人群分列在大道两边，手里举着"欢迎英雄的航天员们凯旋"等条幅。

　　下午4时整，结束13天太空飞行返回地球的航天员景海鹏、刘旺、刘洋，乘车缓缓进入航天员公寓。现场鞭炮齐响，礼花齐鸣，"向航天员学习，向英雄致敬"的声音此起彼伏，航天城内外一片欢腾。

　　下车后的刘洋，抱着鲜花，一个劲地挥手，微笑着向熟悉的亲

（新华社图）

人和战友们致意。左边是妈妈，右边是婆婆，刘洋和两位亲人紧紧相拥，留下了"神九"归来后的亲密照，三人都笑得格外开心。随后，刘洋等三位航天员在拍过集体合影后，各自进入属于自己的"小家"。

一会儿，刘洋饿了，先吃起了航天员专供餐，也是家常便饭：馒头、豆腐和排骨，还有汤。

晚上，妈妈和婶子帮刘洋洗了洗头，"在太空13天，没法洗头"。

按照要求，刘洋等三名航天员随后被医学隔离14天。他们在航天员公寓内适应地球环境尤其是重力环境，提高心血管系统和支持运动器官的功能，提高立位耐力，消除飞行后疲劳。除了医学措施，航天员还会接受按摩、中药调理等。医学隔离期后，还要进入医学疗养期和恢复疗养期。

"大家终于回到了地球的家，精神非常饱满，从出舱到现在，经过一个短暂的适应，对地球的重力有了一定的适应。"载人航天工程航天员系统副总设计师、航天医学专家李莹辉说。

"大家也看到了，航天员也比较辛苦，他们都瘦了。"这位专家有点心疼。至于刘洋等航天员何时公开亮相，李莹辉表示，这最终要看他们的身体恢复情况。

第六章

她为什么这样"红"

刘洋成功飞天归来后，除了激动、兴奋和祝贺，更多的人开始关注和思考：刘洋为什么能成为中国首位女航天员，且能一举成功？

《中国妇女报》以《刘洋为什么这样红？》为题，来探讨刘洋"红"的深层次原因。

文章认为，刘洋是一个突破：女宇航员上天，这是我国航天史上的突破，刘洋给女性争了光，也为我国的科研事业争了光。航天很风光，但也有风险。作为我国首位女性航天员，刘洋的当选和胜利归来，说明了她的优秀。除过硬的技术和能力外，她还具有良好的心理素质和身体素质。她的太空之行是一个突破，风光的背后是实力的支持，而实力来自平时无数时间里的不风光甚至是极其苦累和枯燥的严格训练，再次应验了那句老话："宝剑锋自磨砺出，梅花香自苦寒来。"没有此前的"厚积",何来今日的"薄发"?

对此,刘洋舅舅牛振西非常认同,他说,刘洋这么多年的艰辛付出,别人是无法想象的,更是无法体验的。她之所以能走到今天,也和刘洋的家教分不开,她的执着、坚韧,都是传承了她妈妈身上的精神。

爸爸送来四句嘱咐

医学隔离期,按规定,只有刘洋的爸爸、妈妈等亲人才能陪护她,其他外人还不能进入航天员公寓。医学隔离,也将航天员们与外界的信息几乎隔离,人们希望知道他们身体恢复的情况:胃口怎么样?能运动了吗?何时能出来与大家见面?……

7月1日,回家两天后的刘洋,再也坐不住了,就出来兜兜风,她在航天员公寓的楼道内,独自散步了10多分钟,虽然劲头和兴致还很高,但考虑到医学专家的禁令,她还是停步回家休息。

当晚,刘洋的爸爸和舅舅再次去航天员公寓看望刘洋,也是话别,因为他们第二天一早就要返回郑州。"刘洋恢复得非常好,身体状态相当棒,饮食也逐渐恢复正常。"

"妞离不开爸,爸也离不开妞。"刘洋和爸爸、妈妈三人,在卧室里"密谈",拉了将近一个小时的家常也没说够。舅舅呢,则被"晾"在了一边,他只好在客厅里看电视。

7月2日,刘洋爸爸难以抑制心中的兴奋,平时不爱多言的他说,有四句话要给宝贝女儿说:

"第一句话是：爸爸、妈妈很爱你！"

"第二句话是：我们坚决支持你的工作！"

"第三句话有点告诫的意思啦。这是党、国家和人民给你的荣誉，咱要戒骄戒躁，继续努力！"

"第四句话是：好好休养，等你赶快回家！"

末了，他又告诉记者，刘洋这次太空之旅消耗很大，他们准备好好给姑娘庆祝庆祝，"回来的话，她妈给她做她爱吃的羊肉烩面，我下厨给她做胡辣汤，对了，还要包粽子，端午节，她在太空中没吃上粽子"。在这个时候，这位父亲还在惦记着粽子的事。

两家人的期盼

"我们现在只希望女儿能早点恢复身体，当然也希望能早点抱上外孙！"2012年7月9日，刘洋妈妈述说着自己的愿望。其实，这何尝不是刘洋自己的梦想呢？

据刘洋好友秦静讲，早在2009年时，刘洋回郑州探家，二人再次相聚，这时刘洋还没成为航天员。看到她的孩子，刘洋流露出了向往和羡慕，说自己也很希望有个孩子，像同学一样有三口之家的正常生活。

刘洋公公也曾对媒体表示，2009年，刘洋两口子曾准备要孩子，后来因为工作关系，刘洋需要北京、武汉两地奔波，要孩子的事便耽搁下来。他还说："现在媳妇最大的事就是完成神舟九号的任务，下一步希望他们能尽快生个孩子。刘洋今年34岁了，在家里是独生女，估计亲家也想当外公外婆呢。"刘洋婆婆笑道："但前提自然是不能耽误工作。"

此前，刘洋也曾表示："要孩子的事，等任务执行完再说。"现在，刘洋已经飞天成功归来，要宝宝的事，啥时才能提上她和丈夫的日程？但刘洋的身体恢复就需要几个月的时间，而她在医学隔离和未来的疗养期间，也闲不下来，需要整理资料和开展大量的相关实验。

让我们默默送上祝福，祝愿她的下一个梦想早日实现。

第七章

委托父母看望患病恩师

虽然还在医学隔离期，身体正在恢复中，可刘洋却在牵挂着远方的恩师——高中班主任武秋月老师。

7月初，爸妈去北京迎接刘洋飞天"回家"时，一次拉家常中，无意透露了武秋月老师患病的事。正处在医学隔离期的刘洋，非常牵挂恩师，但又无法回来看望，就特意委托爸爸、妈妈抽空去看望武老师，并转达她的问候和祝福。

武秋月老师是刘洋高中时的班主任。当年"招飞"时，就是武秋月老师帮刘洋报的名，这让刘洋至今都非常感谢。

在今年6月接受央视《面对面》栏目采访时，刘洋还表示："当时自己并不知道，是班主任给我报的名。因为当时成绩不错，视力也挺好，而且身高也符合标准，班主任一想，这多好的事，也没有跟我商量就报了名。"

7月10日上午，刘洋爸爸、妈妈和姑父捧着鲜花，带着水果等礼物，来到郑州大学第五附属医院康复科武秋月的病房。此时，武秋月老师刚做完康复训练。

一见是刘洋家人来看望，武秋月老师非常激动和开心，并和他们热情打招呼："你好！你们养了个好女儿。"之前武秋月老师的意识常出现模糊，而此时却非常清晰。在刘洋读高三时，她和刘洋妈妈通过几次电话，但都没见过面。

刘洋妈妈说，女儿特意嘱咐他们给武老师捎来两句话：一句是"请老师好好养病，早日康复"，另一句是"回来了，要去看看您"。同时，捎去的还有刘洋亲笔签名的个人航天照。武秋月接过照片，看着学生的飒爽英姿，眼光久久都没有移开。

"刘洋是我的好学生，也是我的骄傲，她学习好，人长得也漂亮……"提起学生刘洋，回忆起当年的往事，武秋月有说不完的话。

当着刘洋家人的面，她还道出了自己的愿望："我希望刘洋能早点生个孩子，到时候叫我'姥姥'！"其实，这也是刘洋爸爸、妈妈和刘洋自己的心愿。"武老师，您放心！刘洋回郑州探亲时，一定去看望您！"刘洋妈妈表示。

武秋月的丈夫庞人龙则赠送了一张珍贵的光盘，并请刘洋家人转送给刘洋。

那是他拍摄的刘洋高中英语课时的一段视频，里面有刘洋三四分钟"讲课"的画面。这是刘洋人生的第一个视频影像资料。庞人龙说,刘洋是母校郑州市十一中的骄傲和自豪,母校的老师和同学非常盼望刘洋能抽空回母校看看。

鲜花掌声献给英雄父母

在刘洋家乡河南,她的奋斗故事和飞天历程正在被人们传颂着,大家为家乡出了个刘洋而骄傲和自豪。

7月12日上午,中共河南省委常委、河南省军区政委周和平,河南省军区政治部主任史衍良及郑州警备区领导一行,冒着酷暑来到刘洋家中,看望她的父母,送去部队的关心和慰问。

"感谢你们为我们军队、为我们国家培养出一名航天英雄。"在刘洋的家中,周和平紧紧握住刘洋父亲刘士林的手,并表示,刘洋的成长进步与良好家庭环境的熏陶分不开,是父母苦心栽培的结果,感谢你们为祖国、为人民、为部队培养出这么优秀的人才。

周和平还说:"刘洋不仅是你们家庭的光荣,也是我们河南的光荣,军队的光荣,国家的光荣,她的航天精神值得全省解放军官兵学习。"

刘洋父母则深情地表示,没有部队的培养,没有各级首长的关心,刘洋取得不了这样的成绩,非常感谢部队的培养。刘洋母亲激动地说,刘洋成功飞天证明了我们祖国实力的强大,这不仅是刘洋的骄傲,更是全国人民和解放军官兵的骄傲。

临走时,周和平还特别嘱咐相关部门,要周到细致地为英雄父母亲搞好服务，解决好后顾之忧，让航天英雄放心。

此前，来慰问英雄家人的各界人士就已络绎不绝。

6月17日父亲节当天，河南宋河酒业股份有限公司工作人员来到刘洋家里，为刘洋父亲送去了特殊的节日礼物，表达一份问候与祝福。

6月22日上午，双汇集团公共关系部负责人，受双汇集团董事长万隆及近七万名员工委托，专门前往郑州看望女飞行员刘洋的父母，以此表达他们对我国航天事业的支持。

同时，郑州市老年科协航天专业委员会的老同志，专程去看望刘洋家人，并送去装裱好的刘洋在酒泉航天城出征的大幅照片，"有一人多高"。他们都是曾经在酒泉航天城工作过的航天老战士，是操纵火箭把航天员和飞船送上太空的人，对刘洋这个小老乡格外有感情。

家乡郑州学习刘洋好榜样

"刘洋是中国第一位踏上太空的女宇航员，我很佩服她。从她身上，我看到了许多优良品质。"郑州市小学五年级学生田薇茵在《学习刘洋》中这样写道，"刘洋通过不懈的努力，终于踏上了太空；但如果半途而废，决不能走到今天的地步。要知道，'宝剑锋从磨砺出，梅花香自苦寒来'。同学们，努力吧！向刘洋学习，不半途而废、不轻言放弃，最后，一定会达到自己的目标！"

郑州市教育局曾专门发出通知号召中小学生向刘洋学习。

通知中说，刘洋是郑州市培养的优秀毕业生的代表，为郑州中小学生树立了先进典型和优秀楷模，是郑州市、河南省乃至全国人民的骄傲。通知要求"主要学习她勤奋刻苦、善于学习，艰苦朴素、沉稳低调，坚韧果敢、不屈不挠，志向高远、胸怀祖国等精神和品质"，要以学习刘洋事迹为契机，引导中小学生树立良好的学习态度，以学习刘洋事迹为契机，引导中小学生养成良好的意志品质，以学习刘洋事迹为契机，引导中小学生树立远大的理想信念。

如今，在中原大地，航天英雄刘洋正成为中小学生们学习的榜样。

第八章

太空让她像条自由遨游的鱼

深蓝色的航天服，黑色的皮靴，腰间扎着紧身的腰带，2012年7月13日上午，正式解除14天医学隔离的景海鹏、刘旺、刘洋三位"神九"航天员，集体出现在北京航天城航天员公寓一楼会议室，在记者们面前，个个精神抖擞，个个挂着笑容。有媒体形容刘洋"依然笑得如同一朵花儿一样"。

从太空回到地球已经14天，留在他们心中的太空记忆是什么？刘洋的话文采飞扬，充满美感，更像是口述一篇精美的小品文。

当时，在现场的央视、中国广播网等媒体的记者，记录下她的原话：

在这十三天我很享受太空的工作和生活，太空独特的失重环境，让我感觉自己像一条自由遨游的鱼，无拘无束，而且无论你处在什么方位和状态都能自如地工作和生活，这种感觉是十分奇妙的。

在太空中，遥看地球，总是让人陶醉，地球海洋的边缘清晰可见，太阳照射在海面上显出深深浅浅的蓝，大地脉络分明，海岸线清晰绵长，这就是我们赖以生存的家园。

当返回舱返回时，降落伞打开的瞬间，我就知道我们安全了，可当返回舱真正地着陆在祖国大地的怀抱，我的眼泪还是情不自禁地流了下来，这次远行让我对'祖国家园'这四个字，有了更加深刻的理解和认知。

希望二次飞天添彩祖国

"目前三位航天员身心状态良好，已经完全适应重力环境，后续将按照计划进行休整和训练。"航天员系统总指挥陈善广介绍，在过去的两周里，航天员顺利度过隔离期。其间，航天员在航天员公寓内适应地球环境尤其是重力环境，提高心血管系统和支持运动器官的功能，提高立位耐力，消除飞行后疲劳。除了医学措施，航天员还接受了按摩、中药调理等。这期间，航天员与外界基本隔绝。

从7月13日起，刘洋等三位航天员进入医学疗养期，时间是20天至30天，他们将入住天气好、空气好的疗养院，在继续恢复健康的同时逐渐增加活动量。此后，进入三个月左右的恢复疗养期，将航天员各项生理参数恢复到飞行前的状态。三个月后航天员如果

身体状况良好，就要开始正常的日常训练。

对于刘洋的未来，人们都很关心：是继续训练，还是休养一段后"要个孩子"？在当天的媒体记者见面会上，刘洋这样回答："我想女性的认真、坚忍、细腻、亲和力，还有低冲突性的特点，对于我们中长期狭小空间的任务飞行会有着不可或缺的重要作用。我下一步任务就是像师兄一样，重新投入到全新的任务准备当中。"

刘洋的梦想很清晰，也很近，她希望二次飞天，为祖国添彩。

两首献给嫦娥的"歌"

"你惊艳太空，英姿娇美／让飞天传说，时光穿越／琵琶声远不如嫦娥有约，千年等待就为这一回！"同是在 7 月 13 日，有消息传出，著名歌手谭晶的新歌《太空玫瑰》录音完成，这首优美歌曲是为中国首位女航天员刘洋唱的。这也是第一首献给中国首位女航天员的歌曲。

谭晶对媒体表示，《太空玫瑰》旋律优美，歌词表达的情绪很符合刘洋作为首位女航天员的心境。"刘洋作为中国首位女航天员实在了不起，这首歌送给她，十分贴切，而我来为她首唱，十分荣幸。"

还有一个消息是，"现代嫦娥"钧瓷将在几天后诞生。这是由河南省工艺美术大师王秋红设计、制作而成。作品采用刘洋最具代表的航天服照片为基准，以凸圆为主体的创作理念，"嫦娥"用浮雕的形式制作而成的。球面寓天体太空无边无际，刻有"现代嫦娥"的弧线，如太空轨道，如彩虹当空，使"嫦娥"在太空天体间行运自如，更显英姿潇洒。

"现代嫦娥"刘洋是中国的骄傲，河南的骄傲，更是女性们的骄傲，"嫦娥"在天上，河南的钧瓷女大师王秋红被神女刘洋感动着，激励着。她想用历史名瓷做一个"现代嫦娥"，用钧瓷浮雕记下这一光辉时刻！为使"现代嫦娥"更精确，更完美，王秋红夫妇还请著名雕塑家、郑州雕塑壁画院原院长吴树华进一步修改、完善，终于完成了这个独一无二的钧瓷造型。

"我盼望早点能将'现代嫦娥'钧瓷送给我们的英雄'嫦娥'刘洋！"王秋红说。

飞天嫦娥

刘
洋

跋

怒放的生命

无疑，2012年6月16日18时37分的这一刻，将载入史册，载入国人和人类征服太空、探索宇宙的航天史。至此，浩渺无垠的太空有了来自地球东方一个古老而又年轻国度"嫦娥"的笑容。她带来的是国人的期盼和祝福，这期盼是为着人类的和平和安宁，这祝福是愿人类拥有更美好的明天和夙愿。

她叫刘洋，她来自中国。

这位来自黄河岸边的"70后"，有着同龄人一样的梦想和憧憬。也爱美，甚至在返回地面出舱前还不忘补补妆；也曾追过星，喜欢和明星合个影；也曾有过彷徨和退缩，在第一次练习跳伞前专门给家人打电话；甚至在名满天下，聚焦所有眼球的成功后，仍惦记着老家胡同口的那碗凉皮。

但，这只是她平实、可爱、质朴的一面，当你读到她因为太沉醉于学习而被父母"逐"出门外，当你读到她为完成使命全然抛却儿女情长乃至无惧生死，当你读到她在面对魔鬼训练坚持不住的时候再坚持，你，难道不为之动容和肃然起敬吗？！

她代表了这一代年轻人的真性情和真本色，她也让我们看到了祖国的希望和未来！

通过学习刘洋，让更多的年轻人知道什么样的追求才是最有价值的，正值妙龄的女孩，你们的眼睛不应该只盯着"高富帅"。

我们学习刘洋，就是学习她不向命运低头，出身清贫不自卑，发奋图强的拼搏和自强；

我们学习刘洋，就是学习她面对困难和挑战，千磨万击仍坚劲的坚韧和顽强；

我们学习刘洋，就是学习她面对使命，牺牲自我，勇挑重担的英勇和大义；

我们学习刘洋，就是学习她不忘本色，淡泊名利的从容和超脱；

……

刘洋的成功不仅代表了我国航天技术的又一重大突破，她代表了新时代新女性的精神价值追求，她必将激励无数的青春追梦者不断前行。

她的成功和奋斗历程给了我们最好的榜样和启迪，如果用八个字来概括，那就是：行者常至，为者常成。

愿所有的追梦者都能像刘洋一样，有一个怒放的生命，惊艳开放，不愧此生。

是为跋。

培松

2012 年 7 月 7 日

后 记

　　经过 20 多天不分昼夜的努力,《飞天嫦娥刘洋》终于要付梓了,禁不住长出了一口气。

　　我们本是在新闻纸上耕耘的小兵。承蒙大象出版社的厚爱,承蒙东方今报社的信任,在报社领导和同仁的支持下,我们撰写了此书,而内心仍诚惶诚恐,担心辜负了这份信任。

　　在这里,非常感谢刘洋父亲刘士林先生、母亲牛喜云女士,他们给予了最大的支持,提供了很多珍贵照片和独家资料,并不厌其烦地介绍其中的缘由、故事;刘洋舅舅牛振西先生、姑父李广才先生,他们为采访提供了大量的帮助。我们也发自内心地感谢他们。

　　在本书出版过程中,也得到众多领导和朋友的支持和帮助。东方今报社社长赵国平先生拨冗作序,并对书稿写作给予了专业指导,为本书增添了许多亮色;许多报社同仁也给予默默支持,尤其付雨涵女士为本书做了一些案头工作。谢谢他们!

　　刘洋的成长和成功,有着属于她自己的路径,不是一本书所能穷尽其详的。尽管我们从 2012 年 3 月 8 日就开始关注她,仍无法"知全貌"。因此,在成稿过程中,我们参考了不少媒体的报道资料,包括新华社、中央电视台、《解放军报》、《空军报》、《中国妇女报》、《南方周末》、《新快报》、《时代周报》等,并选用了中国航天员专业摄影师朱九通先生以及新华社的部分图片,在此一并致谢。

　　由于水平有限,加之时间仓促,本书会有诸多不尽如人意之处,敬请大家批评指正。

夏友胜　袁晓强

2012 年 7 月 16 日

飞天嫦娥刘洋大事表

1978 年 10 月 6 日	出生在原郑州市妇产科医院
1985 年 9 月起	就读于原郑州市管城区城东路二小
1986 年 6 月	被评为校级"三好学生",她第一次和"三好学生"结缘
1991 年 4 月	被评为郑州市管城区区级"三好学生"
1991 年 8 月	被保送到郑州市重点初中——郑州市第三中学
1993 年 4 月	在第四届"希望杯"全国数学邀请赛的第一轮考试中,获得优胜证书,这也是她获得的第一个国家级荣誉
1994 年 8 月	被保送到郑州市重点高中——郑州市十一中
1996 年	成功参加第四届中国郑州国际少林武术节文艺汇演
1996 年 7 月	被评为郑州市级优秀干部、"三好学生"
1997 年 7 月	高考成绩揭晓,她考了 695 分,比本科一批分数线高了 43 分
1997 年 8 月	接到中国人民解放军空军飞行学院录取通知书
2001 年 6 月	被分到广空航空兵某运输师,成为应急机动作战部队的一名飞行员
2003 年 9 月 30 日	和爱人张华正式登记结婚
2004 年 5 月	在武汉举行简单而又喜庆的结婚典礼
2005 年 8 月 23 日	受到中共中央总书记、国家主席、中央军委主席胡锦涛的亲切接见
2010 年 5 月 3 日	到中国航天员训练中心报到,成为女航天员
2010 年 10 月	再次受到中共中央总书记、国家主席、中央军委主席胡锦涛亲切接见
2012 年 3 月	幸运入选"神九"乘组,代号 03
2012 年 6 月 15 日	被正式确定入选飞行乘组,成为我国首位参加载人航天飞行的女航天员
2012 年 6 月 16 日	搭乘"神九"飞天
2012 年 6 月 29 日	安全"回家"
2012 年 7 月 13 日	解除医学隔离,进入医学疗养期

神女刘洋

作词：邱新航　作曲、演唱：王　勇

神女应无恙

飞天妞叫刘洋

长在黄河边

家在大河南

飞天不是梦

巾帼不让须眉

中原女英雄

也把功劳建

谁说女子不如儿男

太空玫瑰潇洒的容颜

神九天宫世界的焦点

现代中国嫦娥魅力无限

太空一笑中国灿烂

世界欢呼美丽的瞬间

神女刘洋最美的牡丹

无比自豪盛开天地之间

邱新航　知名企业家，全国工商联水产业商会终身名誉会长，四季胖哥集团掌门人，
河南亚宏实业有限公司董事长。

王　勇　资深记者，"中国第一记者原创歌手"，被誉为河南"张帝"。

图书在版编目（CIP）数据

飞天嫦娥刘洋/夏友胜 编著，袁晓强 摄影.—郑州：大象出版社，2012.7

ISBN 978-7-5347-7310-5

Ⅰ.①飞… Ⅱ.①夏…②袁… Ⅲ.①刘洋—生平事迹 Ⅳ.①K826.16

中国版本图书馆 CIP 数据核字（2012）第162608号

出 版 人	王刘纯	
选题策划	邵培松	
责任编辑		
书籍设计	孙　康	
责任校对	霍红琴	
出　　版	大象出版社	（郑州市开元路 18 号　邮政编码 450044）
网　　址	www. daxiang. cn	
发 行 科	0371-63863513	
发　　行	河南省新华书店	
印　　制	郑州新海岸电脑彩色制印有限公司	
版　　次	2012 年 7 月第 1 版　2012 年 7 月第 1 次印刷	
开　　本	787mm×1092mm　1/16	
印　　张	13	
字　　数	100千字	
定　　价	39.00元	